T'AS PAS TROUVÉ PIRE COMME BOULOT ?

NICOLAS ROUILLÉ

T'AS PAS TROUVÉ PIRE COMME BOULOT ?

Chronique d'un travailleur
en maison de retraite

Conception graphique de la couverture : Quentin Poilvet

© Lux Éditeur, 2023
www.luxediteur.com

Dépôt légal : 2ᵉ trimestre 2023
Bibliothèque et Archives Canada
Bibliothèque et Archives nationales du Québec

ISBN : 978-2-89833-096-4
ISBN (pdf) : 978-2-89833-097-1
ISBN (epub) : 978-2-89833-098-8

Canada

Nous reconnaissons l'aide financière du gouvernement du Canada pour nos activités d'édition.

INTRODUCTION

Drôle d'idée, en y repensant, d'aller travailler dans une maison de retraite ! L'image que j'en avais, avant d'y mettre les pieds, n'était pas brillante : un triste endroit où l'on finit tristement ses jours et qui n'a de maison que le nom. Le genre de lieux que l'on n'a pas trop envie de fréquenter. Une image construite au fil d'articles de journaux et de reportages sur le sujet, plus déprimants, voire choquants, les uns que les autres.

Le confinement du printemps 2020 et les restrictions qui ont suivi ont sérieusement compromis un projet de roman que j'avais amorcé deux ans auparavant, pour les besoins duquel il me fallait me déplacer plus loin qu'il n'était autorisé. Mes activités annexes étaient interrompues, je devais trouver un petit boulot alimentaire, je n'avais pas le choix. Je voulais que ce soit à portée de vélo, pas trop abrutissant pour me permettre de continuer à écrire malgré tout et, si possible, que ce job ait une certaine utilité sociale. À vrai dire, je n'ai pas eu besoin de chercher bien loin pour trouver des idées : à cette époque, les premières annonces chez Pôle emploi et les agences d'intérim concernaient des postes d'auxiliaire de vie à domicile ou en EHPAD. La demande était telle que l'absence de qualification et d'expérience ne semblait pas franchement problématique. Quant à la finalité, s'occuper de personnes âgées, ça me convenait bien. Pour les postes à domicile, une voiture était indispensable : la question était réglée. Restait l'EHPAD...

Entre le moment où je me suis dit « Pourquoi pas ? » et celui où j'ai enfilé la tenue pour la première fois, il s'est écoulé tout juste une semaine. Si la directrice qui venait de m'embaucher m'avait demandé la signification d'« EHPAD », je n'aurais pas su quoi lui répondre, et j'aurais même hésité sur l'emplacement du H. Pour moi, c'était synonyme de « maison de retraite », voilà tout, et si j'emploie ce terme plutôt que l'acronyme, c'est parce qu'à l'écrit les majuscules vous sautent aux yeux, on ne voit qu'elles sur la page. Le terme « maison de retraite », que l'on trouve encore sur quelques vieux panneaux en ville, me semble mieux convenir à ces lieux qui se font discrètement oublier la majeure partie du temps. Mais sur la façade de celle devant laquelle je passe pratiquement tous les jours, il est bel et bien écrit « EHPAD ». Prenons donc le temps de détailler.

L'EHPAD est un établissement d'hébergement pour personnes âgées dépendantes, c'est-à-dire une maison de retraite médicalisée. Il existe aussi des maisons de retraite non médicalisées pour des personnes moins dépendantes, ainsi que des « résidences autonomie » dans lesquelles des personnes âgées autonomes, comme son nom l'indique, ont leur logement et l'accès à des services collectifs. Il existe des EHPAD publics, souvent gérés par un centre communal d'action sociale (CCAS), et des privés, qui peuvent être à but non lucratif ou à but lucratif. Le secteur lucratif est tenu par de grands groupes, Orpéa, Korian, pour ne citer que les plus gros. En EHPAD, les auxiliaires de vie sont chargés de tâches d'entretien, de service et d'accompagnement et effectuent certains soins, mais on trouve surtout des agents des services hospitaliers (ASH) qui, théoriquement, ne font pas de soins, ceux-ci étant assurés par les aides-soignantes (AS)[1].

Je suis donc devenu par hasard et par nécessité ASH dans un EHPAD du CCAS de ma commune (payé au SMIC évidemment).

---

[1]. Par la suite, je verrai que les ASH peuvent aussi se former aux soins. Par commodité et parce que c'est plus parlant, je ne fais pas de différence entre ASH et auxiliaire de vie.

Je suis rentré dans cet établissement public à un moment bien particulier, en septembre 2020, en pleine épidémie de COVID[2], entre le premier et le deuxième confinement, juste après un été particulièrement éprouvant, entre une canicule exceptionnelle par son intensité et sa durée et un manque de personnel critique, en raison des congés, de nombreux arrêts maladie et de la difficulté à trouver des remplaçantes à cette période de l'année.

J'avais tout à apprendre, en premier lieu l'organisation complexe de cet établissement de quatre étages datant de la fin des années 1980, comprenant quatre-vingt-huit chambres, une infirmerie, une cuisine, une grande salle de restaurant ainsi que des salles à manger plus petites à chaque étage, des bureaux, des réserves de produits et de matériel, une lingerie, une salle d'animation, un salon de coiffure, une salle de kinésithérapie, une salle funéraire, une chapelle et j'en oublie sans doute. Il me fallait aussi intégrer les règles d'hygiène, la préparation du chariot de petit-déjeuner et du chariot d'entretien, les techniques de bionettoyage, le nom des produits, leur dosage et leur utilisation, la manipulation des différents types de fauteuils roulants et de lits médicalisés, retenir le nom et le visage des

---

2. Qui n'avait alors fait aucune victime dans l'établissement grâce aux mesures mises en place par l'équipe de direction.

vingt-trois résident·es de mon étage (leur caractère, leurs habitudes, le numéro de leur chambre) et ceux des collègues, les multiples codes à composer pour entrer et sortir, apprendre à décrypter le planning et ses quinze types d'horaires différents, ainsi que le jargon local fait d'acronymes, de termes médicaux et de bizarreries, comme « café enrichi », pour désigner ce qui ressemble à une mauvaise blague : du beurre dans le café au lait !

Je n'étais pas venu m'immerger dans ce milieu dans le but d'écrire un livre. Au contraire : je cherchais un boulot pas trop prenant, qui me permette de poursuivre en parallèle mon projet personnel. À mon arrivée, la cadre de santé m'a remis un carnet et un stylo, comme à tout le monde. J'ai commencé par noter l'indispensable pour m'en sortir, les consignes officielles et comment les adapter pour faire l'infaisable puis, peu à peu, des images fortes et des paroles qu'il aurait été dommage de perdre, un peu par réflexe, comme on prend des photos quand on part en voyage (sauf que ce n'était pas franchement un voyage d'agrément). Le jour où j'oubliais mon carnet au vestiaire, j'arrachais une page du cahier de transmissions ou je décrochais du panneau une information obsolète pour griffonner au dos. Arrivé chez moi, je mettais mes notes au propre et je complétais. N'ayant pas d'expérience en maison de retraite, il m'était difficile de savoir si ce qui me surprenait, voire me choquait, était « normal » ou dû à ces circonstances très particulières. À défaut de tout comprendre, je notais.

Très vite, j'ai compris que c'était foutu : non seulement l'EHPAD allait me bouffer une grande partie de mon temps, mais ce qui m'en restait, j'allais le passer à écrire sur ce que j'y vivais. J'ai fait le deuil de mon projet en cours et j'ai couru m'acheter un grand cahier. En rentrant chez moi vers 15 heures, complètement cuit de fatigue, je faisais une sieste puis passais un bon moment, dans tous les sens du terme, à fixer ma matinée dans mon journal de bord pour ne pas la perdre. Finalement, à force de remplir des pages et des pages, je me suis dit qu'il serait bien dommage de ne pas partager cela.

J'en ai parlé aux camarades de *CQFD*, un journal mensuel de « critique et d'expérimentations sociales » basé à Marseille pour lequel j'avais déjà contribué, et c'est ainsi qu'est née l'idée de la chronique « Je vous écris de l'EHPAD », dont le premier épisode est paru en novembre 2020. Dans ces courts textes, sous le pseudonyme de Denis L., je livrais « des fragments de [mon] quotidien d'auxiliaire de vie dans un EHPAD public ».

Cet exercice régulier m'a amené à relire mon journal de bord, à lever le nez de mon chariot et à essayer de voir dans ce quotidien d'ASH plus qu'une succession de tâches et de situations, plus ou moins pénibles, touchantes, drôles ou choquantes. Être lu impose de choisir ses mots et donc de se poser des questions. Une toute bête : pourquoi parle-t-on d'« aides-soignantes » alors que ce sont elles qui prodiguent les soins au jour le jour, lèvent et couchent les résident·es, effectuent les toilettes, appliquent les crèmes, changent les protections, habillent et font manger à la cuillère ? Ne devrait-on pas les appeler « soignantes » tout court ? Ce qui serait plus gratifiant pour elles, j'imagine. Et bien d'autres questionnements, sur des usages tellement ancrés que, justement, ils ne sont plus questionnés : réveiller des personnes pour leur donner un petit-déjeuner dont beaucoup se fichent, entrer dans une chambre en lançant un « Bonjour ma belle ! » jovial à une personne déprimée, entre autres.

L'écriture de ces chroniques m'a beaucoup apporté. Comment intéresser lorsqu'il ne se passe rien de bien intéressant ? Une fois bouclé le tour de la maison, il ne reste que le train-train quotidien dans toute sa morosité. Mais je n'allais pas m'arrêter au bout de six numéros : « *Ciao*, de toute façon, c'est toujours la même chose ! » Tenir cette chronique m'a poussé à prêter une attention plus grande aux personnes, résident·es et collègues, et aux détails de la vie entre ces murs pour pouvoir la raconter. Ne pas me contenter de me dire « Eh, c'est reparti ! » quand Mme Lopez vitupère ou quand Suzanne monologue, mais écouter ce que ces dames ont à dire, essayer de les comprendre. Les considérer comme des personnes à part entière et pas simplement comme des résidentes à qui je dois apporter le petit-déjeuner et nettoyer la chambre. Ni comme les protagonistes d'un feuilleton ou comme la matière première de mon écriture. Difficile positionnement pour celui qui tente de témoigner en toute discrétion. Personne dans l'enceinte de cette maison de retraite n'a su que j'écrivais sur mon quotidien d'ASH, ce que j'ai regretté, car ce n'est jamais confortable de dissimuler. Mais comment faire autrement ?

Au fil des numéros, je me suis aperçu qu'il y avait un réel besoin de savoir ce qui se passe au jour le jour entre les murs clos de ces établissements, notamment pour celles et ceux dont un proche y séjourne et qui culpabilisent de n'avoir pu leur éviter le placement en institution. Un dimanche soir, en sortant du boulot, je croise une amie. Je m'arrête pour discuter ; elle ne savait pas que je travaillais en EHPAD. Je lui raconte ma journée et là, elle me lâche : « On est cinq. Maman nous a aimés, protégés, choyés, et nous… », incapable de terminer sa phrase. De retour chez moi, je note dans mon cahier : « Week-end dans de bonnes conditions, ça devient agréable ! Effectif au complet, équipe sympa, Katia a apporté des lasagnes. Goûter en musique.

L'événement du jour: Bernard a dansé!!! » Quand j'ai écrit la chronique ce mois-ci, à la tonalité plutôt joyeuse, j'ai repensé à cette amie.

J'ai bien conscience d'avoir une vision limitée de ce qui se passait dans cette maison de retraite. À priori, une ASH ne connaît pas le dossier médical des personnes auxquelles elle apporte le petit-déjeuner. Tout au plus sait-elle que Mme Testud[3], par exemple, est diabétique (ce qui ne m'a pas empêché, à l'occasion, de lui donner une demi-confiture pour qu'elle me fiche la paix!). Bien souvent, elle n'a aucune formation dans le médico-social. J'aurais pu aller aux réunions quotidiennes de transmissions entre équipe du matin et équipe du soir, mais à ce moment-là, je n'en voyais pas trop l'intérêt. Je me trouvais plus utile à passer du temps avec mes résident·es plutôt que d'entendre passer les cas en revue et noter en bâillant des mots que je ne comprenais pas (lipodystrophie, écholalie et tant d'autres).

Y assister m'aurait peut-être permis d'interpréter différemment certaines situations. Prenons cette scène par exemple, saisie un midi dans l'ascenseur où nous nous entassons.

---

3. Tous les prénoms et les noms des personnes citées dans ce livre ont été modifiés.

— J'ai mal au cul ! gémit Mady.
— Oh enfin ! fait Mme Simonetti, qui désapprouve ce vocabulaire.
— Ça va aller, Mady ! je lui fais en lui massant l'épaule, pour la réconforter et détourner son attention de sa douleur.
— Mais ce n'est pas là que j'ai mal, pleurniche celle-ci, c'est juste au-dessus du trou du cul !

Mme Simonetti est outrée.

Voilà le genre de situation que j'ai plaisir à consigner et à laquelle je repense en souriant. Mais le tableau ne serait pas complet sans mentionner cette note dans le cahier de transmissions : « Mme Viguier : plaie au sacrum » et le protocole de soins cutanés mis en place pour éviter que cela ne dégénère. Le « mal au cul » de Mady pourrait avoir de graves conséquences s'il n'est pas correctement pris en charge, je l'apprends d'une infirmière. La scène sans le complément d'information médicale laisse une impression trompeuse. Ce qui ne doit pas empêcher de raconter, ni de sourire.

Inversement, quand on parle d'un personnel d'EHPAD sous-payé, précarisé, surmené, l'image manque. Il faut voir Sarah, furieuse, en train d'agiter sa feuille de paye sous le nez de son binôme qui ne l'écoute plus que d'une oreille parce que la veille, Sarah râlait contre le manque de continuité de soins d'une équipe à l'autre. Ou bien Aminata qui s'exclame : « Oh Seigneur ! » en s'affalant sur une chaise, démoralisée. On vient de lui demander de remplacer une collègue en accident du travail, elle n'a pas osé refuser. Elle est arrivée à 7 h 30 ce matin, elle repartira à 19 h 30 : cette semaine-là, c'est son troisième « douze heures ».

Ce livre est donc issu des vingt chroniques qui sont parues dans *CQFD* de septembre 2020 à août 2022. J'ai légèrement retouché celles qui ont été publiées et j'en ai écrit de nouvelles, avec plus de temps et de recul. Je suis allé chercher les situations difficiles à raconter, celles où la patience et la bienveillance s'étaient sans doute absentées, les situations où il n'y a pas lieu d'être fier, mais qu'il serait dommage de remiser au fond du placard. Ou celles, plus légères, auxquelles on ne pense pas forcément quand on évoque l'EHPAD.

Mes chroniques n'ont d'autre ambition que de montrer à travers un éventail de scènes du quotidien les dernières années de vies passées en collectivité, dans un établissement à qui on ne donne pas les moyens de subvenir de façon adaptée à tous les besoins. Et aussi ce que cela représente d'y travailler. Je ne révèle rien qui n'ait déjà été dit au sujet des EHPAD. Celui dépeint ici est sans doute dans la moyenne des établissements du service public, ni irréprochable ni scandaleux, avec une équipe de direction humaine et à l'écoute, quoique souvent démunie.

Je n'ai pas de point de comparaison avec le secteur privé, j'en sais ce que m'ont dit des collègues : « T'es mieux payé, mais au final, c'est pire ! » Ou encore ce qu'Ismaël a retenu de son court passage chez Orpéa : « C'est des bâtards ! » Sur le moment, je n'ai pas eu le courage de lire le livre qui a dénoncé les abus du leader mondial des EHPAD[4] : j'étais arrivé à saturation, je ne pouvais pas absorber une goutte de plus. Plusieurs mois se sont écoulés, je l'ai lu, et comme beaucoup j'imagine, je suis sorti de cette lecture écœuré, triste et en colère. J'ai compris alors à quel point il s'agissait de deux mondes différents : chez nous, même si ça ne tourne pas bien, même si c'est parfois merdique, même s'il y a souvent de quoi gueuler, le souci numéro un reste de bien traiter les résident·es.

Pour finir de situer d'où je parle, je dois rappeler que c'est un homme qui prend la parole, dans un domaine où le personnel est essentiellement féminin. J'avais une autre activité, je savais en y entrant que c'était pour une durée limitée. Pour certaines collègues, il n'y a pas vraiment d'autre horizon que l'EHPAD. La problématique est alors de s'économi-

---

[4]. Victor Castanet, *Les fossoyeurs. Révélations sur le système qui maltraite nos aînés*, Paris, Fayard, 2022.

ser pour ne pas finir usée et en incapacité de travailler à cinquante ans. Je ne veux pas parler à la place de ces femmes, mais j'imagine que dans ces conditions, on n'a ni le temps, ni la force, ni l'envie de témoigner sur son quotidien. Pour d'autres, c'est une transition, pour financer des études, le temps de se former et d'acquérir un peu d'expérience, en attendant d'obtenir la nationalité française, de se marier, de valider ses acquis ou un diplôme obtenu ailleurs et qui n'est pas reconnu ici, en attendant un poste à l'hôpital, dans un institut spécialisé ou dans une résidence autonomie ou le travail est nettement moins éprouvant. Ou simplement un épisode de la vie entre Accor[5] et Carrefour.

L'EHPAD est cette maison où de vieilles personnes sont reléguées et, bien souvent, ne sont pas traitées comme elles le devraient. C'est une réalité. Mais c'est également cet endroit étonnant où se côtoient des personnes d'âges et d'origines sociales et géographiques très divers. En y mettant vraiment les moyens, il y aurait de quoi en faire des lieux de vie et de partage enrichissants, ouverts sur l'extérieur et respectueux des résident·es comme du personnel. Pour cela, il faudrait commencer par nous interroger sur la façon dont nous envisageons le vieillissement, individuellement pour ne pas nous

---

5. Premier groupe hôtelier en Europe.

trouver démuni·es face à la vieillesse, mais aussi collectivement, car il s'agit bien d'une question cruciale pour notre société vieillissante. Repenser complètement le principe de la maison de retraite, qu'elle soit médicalisée ou non, pour ne plus entendre ces paroles : « Pouvez-vous me dire pourquoi je suis ici ? J'ai beau chercher, je ne vois pas ce que j'ai bien pu faire de mal. »

NOTE SUR L'ÉCRITURE INCLUSIVE

Pour ne pas rendre mes collègues encore plus invisibles qu'elles ne le sont en employant le masculin par défaut, comme l'usage le veut, j'ai fait le choix du féminin, même lorsque le collectif inclut quelques hommes. Rémi, Léo, Ismaël, Luc, Arnaud et les autres n'y verront rien à redire, j'en suis persuadé. Pour les pensionnaires de l'établissement, en majorité des femmes, mais dans une moindre proportion, j'emploie principalement le terme « résident·es ». Pour les autres cas, j'essaye de trouver une juste mesure entre prise en compte des genres et complexité de la formulation.

« ALORS, TU VAS TORCHER LES VIEUX ? »

« Alors, tu vas torcher les vieux ? T'as pas trouvé pire comme boulot ? » Je constate à quel point l'image de l'EHPAD est mauvaise lorsque j'annonce, plutôt fièrement, que je m'y suis fait embaucher pour un mois en tant qu'ASH, sans diplôme ni expérience dans le médico-social. Pour moi, s'occuper des vieux répond au besoin d'une activité rémunératrice qui ait du sens.

Quatre-vingt-huit personnes vivent dans cet EHPAD public géré par le CCAS. On y sort d'une période éprouvante : COVID, canicule, absentéisme, intoxication alimentaire générale et carabinée. Dans ce contexte difficile, je serai en renfort, en binôme avec Victoire, l'une des deux ASH titulaires au troisième étage, dont je fais la connaissance à 7 h 15 devant l'interphone.

Nous nous désinfectons mains et semelles, passons à la lingerie au rez-de-chaussée me prendre une tenue (pantalon mimosa, blouse blanche au liseré jaune assorti), à l'infirmerie au premier pour les masques, puis montons au troisième, à l'office, où nous attaquons les petits-déjeuners : mettre le beurre à ramollir, remplir les thermos de café, de lait, de chocolat et de thé, aller chercher le pain et les jus en cuisine au rez-de-chaussée ; préparer un pichet de sirop gélifié et les « Blédine » (céréales en poudre pour bébés) pour ceux que les aides-soignantes font manger. Victoire pousse le chariot et remplit les bols en plastique, je tartine et nous distribuons sans perdre une minute, car nous avons vingt-trois personnes à servir. Chambre 309 : café noir, deux sucres, jus de fruits, trois pains de mie, deux beurres, une confiture, à tartiner. 310 : café au lait, trois sucres, cinq biscottes, pas de jus et pas besoin de tartiner. Nous croisons les AS qui sont passées avant nous pour lever les résident·es et l'infirmière qui distribue les cachetons.

Premiers contacts : celui assis sur le lit, simplement vêtu d'une couche et qui fixe le sol ; sa chambre sent fort l'urine. Celle qui réclame : « Redressez-moi, quittez la couverture, découvrez-moi les pieds, relevez le store, non un peu moins ! » Le couple, lui dos droit devant son ordinateur, elle allongée. Celle qui dort encore, porte-fenêtre grande ouverte ; un duvet de pigeon s'envole à mon passage. Celle qui se redresse vivement à mon arrivée, me fait répéter et répond en souriant : « Très bien, je vous remercie jeune homme ! » Celle qui me crie « Dehors ! » et peste en espagnol. Pas le temps de s'attarder, il faut refaire le tour des chambres pour débarrasser, faire la plonge, nettoyer la machine à café et préparer le chariot pour demain. Dix minutes de pause sur la terrasse (je découvre le bas du visage de Victoire) et il faut déjà remettre le masque et passer au ménage.

Nouveau chariot, nouvelles consignes : lavettes bleues vaporisateur bleu pour les surfaces hautes, rouges pour les sanitaires ; marche en avant, du haut vers le bas et du propre vers le sale, passage de la serpillière à la godille. Sept à dix minutes par chambre : il faut en faire au moins quinze (l'étage en compte vingt et une), le reste revenant à l'ASH de l'après-midi. J'observe Victoire opérer, rapide et efficace, puis attaque de mon côté et de mon mieux. La petite dame espagnole rôde impatiemment dans le couloir tandis que je fais sa chambre et me crie : « C'est fini ? »

« Pas encore Mme Lopez ! » je lui réponds, puis « Presque ! » lorsqu'elle revient à la charge. Quand je lui annonce enfin qu'elle peut rentrer, elle me lance « Je m'en fiche ! » en haussant les épaules et reste bouder dans le couloir.

Et c'est déjà l'heure du déjeuner. Les plus autonomes descendent à la salle à manger du deuxième, tandis que je vois débarquer les « lourds » qui mangent à notre étage, en salle. Nouveau choc. L'une lâche un cri toutes les trois secondes ; ses « Aaah… aaah » rythmeront tout le repas. Un autre se mâchonne les joues et me fixe en tapotant sur la table ; il ne me répond pas, il se contente de me fixer. Une troisième tend la main vers moi, prend les miennes dans les siennes, essaie de dire quelque chose puis ferme les yeux et soupire, accablée. À l'autre bout de la salle, un homme nettement plus jeune attend qu'on le fasse manger. C'est le benjamin de l'EHPAD : tout juste soixante ans, il a été admis après le confinement, à la suite d'un AVC.

Seules deux personnes sont autonomes et ont droit au menu normal. Pour les autres, c'est la version hachée ou lisse du plat, et sirop gélifié pour éviter les risques de fausse route. Je découvre ces textures à la plonge, où elles ont une fâcheuse tendance à boucher l'évier.

Une demi-heure de répit pour manger sur la terrasse, le contenu d'un tupperware apporté de la maison ou les restes des plats servis aux résident·es, une faveur accordée par la direction (dans certains établissements, paraît-il, tout part à la poubelle). Transmissions entre équipes du matin et du soir, où nous échangeons les informations essentielles, puis retour au vestiaire et passage à la lingerie où je jette ma tenue sale sur le tas. Il est 14 h 30, je sors et arrache mon masque, éclaté de fatigue, la tête farcie. Le soir, une déferlante d'émotions contradictoires me submerge. Vais-je tenir le coup ? Pas le temps de gamberger, demain je me lève à 6 heures.

« TU COMMENCES À AVOIR LA MÊME MENTALITÉ QUE LES FILLES ! »

Ce matin, Aurélie, une aide-soignante de dix-neuf ans, arrive avec vingt minutes de retard. Pendant ce temps-là, Aminata, remplaçante inexpérimentée, ne sait par où attaquer.

Au cours d'une matinée, AS et ASH interviennent successivement ou ensemble auprès des résident·es, en roulement continu : lever, petit-déjeuner, toilette, ménage dans les chambres, préparation du service pour le repas, transfert de résident·es vers la salle à manger au deuxième étage, aide au repas, plonge. S'il y a une absence, un retard ou une équipe moins rodée, cela pèse sur tout le monde. C'est le cas ce matin ; l'ambiance s'en ressent et les résident·es sont perturbé·es et mécontent·es.

Mme Simonetti, avec sa tête de mère supérieure courroucée, attend désespérément sa toilette. Elle m'alpague dans le couloir et me lance : « Ça vous tente une douche ? » Je me retiens de rire.

Plus tard, c'est moins drôle : Mady, la doyenne de notre étage (quatre-vingt-dix-huit ans), cherche une bonne âme pour la mettre sur les toilettes. Mais les AS sont débordées et moi je ne suis pas autorisé à la transférer seul de son fauteuil roulant aux WC. « Mais enfin, proteste Mady, j'ai la crotte au cul, vous n'allez pas me laisser comme ça ! » Réponse d'Aurélie, que je ne parviens pas à recruter : « Elle a sa couche, on la changera après ! »

« Au secours, je vais me chier dessus ! » crie à présent Mady dans le couloir. Je suis impuissant, cela devient horrible : ce n'est pas une histoire de couche mais de dignité, comment Aurélie ne le comprend-elle pas ? Mais qu'elle en soit consciente ou non, les AS sont toutes dans le jus ce matin et auraient grand besoin de renfort.

Finalement, je suis bien content de me retrouver seul dans une chambre pour un ménage approfondi : récurage de la salle de bain, du frigo, des portes ; nettoyage des vitres, des plinthes, des faces cachées des meubles... Nous sommes censées en faire une à fond par jour, ce qui est impossible pour une ASH seule sur un étage (qui compte vingt à trente chambres). Résultat, dès que l'on fourre son nez dans les recoins, on y débusque des moutons, voire de la crasse. À deux mille deux cents euros par mois la chambre simple et mille huit cent quatre-vingts la double[1], ça la fout mal. Mon embauche était censée remédier en partie à cette situation. Hélas, quelques jours après cet épisode, l'autre titulaire part en arrêt maladie pour cause de dos bloqué. De renfort, je passerai à remplaçant, et faute de renfort… Mais revenons à nos moutons !

Dans la chambre 303, Sarah, une AS formée à la vieille école, est en train de faire la toilette de Mme Mérieux. Je serais arrivé deux semaines plus tôt, j'aurais trouvé une petite dame charmante, de l'avis général, et parfaitement valide. À la suite d'un AVC, elle a été hospitalisée et elle est tombée dans le coma. Avec l'accord de la famille, elle a été renvoyée à l'EHPAD pour y finir ses jours. Elle est sous oxygène, mais n'est plus alimentée : il ne s'agit que de soins de confort. Julie lui humecte les lèvres, la bouche et le palais, puis la coiffe avec délicatesse, tout en l'appelant « ma belle » ou « ma chérie ». C'est peut-être sa dernière toilette. Dans le couloir, Mme Lopez, l'Espagnole caractérielle, soupire, la larme à l'œil. « *¿Te sientes triste?* » (Tu es triste ?), je lui demande. « *¡Si, señor!* » (Oui, Monsieur !), me répond-elle fièrement. Mme Mérieux, espagnole elle aussi, était sa grande amie.

---

1. Selon leur situation et leurs revenus, les résident·es peuvent bénéficier d'aides sociales pour le logement et l'autonomie.

Dans la chambre de Mme Testud, dont la porte-fenêtre est souvent ouverte, je trouve deux fientes collées au lino et un petit sac de pain sous le lit. Elle doit nourrir les pigeons : je confisque ! Plus tard, tandis que je suis à la plonge, je l'entends fulminer : «Dis donc, viens voir un peu ! » Le pain était pour elle, c'était sa réserve secrète ; je lui en redonne une tranche. «C'est bon, ton péché est pardonné ! » Au petit-déjeuner suivant, alors que je tente de la rationner en confiture, elle me sort :

— Tu commences à avoir la même mentalité que les filles !

— Merci Mme Testud, je prends ça pour un compliment !

— C'en est pas un !

— On m'a dit que vous étiez diabétique...

— Pfff, t'occupe pas de ça !

Au fil des jours, je découvre le personnage : autoritaire, drôle, bonne vivante et chapardeuse de pain. Elle me plaît bien, cette Mme Testud. «C'est parce que tu es un homme et que tu es blanc», me glisse une lingère avec qui je parle d'elle. Cette dame est aussi connue pour ses réflexions racistes.

« VOUS AIMEZ LE RAP, CLAUDIE ? »

Mme Mérieux est décédée. C'était attendu, mais c'est un rude coup pour Mme Lopez qui perd à la fois sa chère amie et la possibilité de papoter en espagnol, ce qui adoucissait son exil. Elle erre à présent seule dans le couloir, avec son éternel gilet bleu et son plaid en polaire mauve sous le bras. Une semaine après le décès, elle surprend Carine, l'autre ASH titulaire à notre étage, en train de mettre dans un carton les produits de toilette que la famille a laissés après avoir vidé la chambre, et le déposer à l'office pour que les filles qui le veulent se servent. C'est plus que Mme Lopez ne peut supporter : à partir de ce moment-là, elle lui voue une haine farouche et ne manque pas une occasion de me rapporter, dans son « frespagnol » difficile à saisir, tous les méfaits réels ou supposés de « Carina-la-Mierda ». Les larmes ne sont jamais bien loin. « *Comparto tu pena* » (Je partage ta peine), lui dis-je en lui prenant les mains. Elle soupire et, pour une fois, ne m'envoie pas balader.

Carine est une des plus anciennes ASH : douze ans de maison, une prouesse étant donné la pénibilité du métier. C'est une véritable machine ; elle est capable d'enchaîner vingt chambres dans la matinée, en plus des services du petit-déjeuner et du midi. « Comment tu fais ? » je lui demande, admiratif, moi qui suis plutôt fier d'arriver à en faire douze à présent. « Je carbure au Levothyrox[1] ! » m'explique-t-elle en riant.

Mis à part Carine, toutes les filles ou presque sont épuisées, qu'elles soient AS ou ASH. « *Oh my God!* » lâche Aurélie en s'affalant sur une chaise, à l'office. « Hier, quand je suis rentrée chez moi, j'ai même pas pu m'allonger tellement j'avais mal au dos ! » Elle n'a pas vingt ans. Rémi, le seul mec aide-soignant de la maison en ce moment, en dehors des stagiaires de passage, en a vingt-sept et ne souhaite à personne de faire son boulot. Qu'il fait consciencieusement néanmoins. Sarah fulmine, sa fiche de paie à la main : mille quatre cents et quelques ce mois-ci, après retenue à la source. Pourtant, elle a vingt-cinq ans de soins derrière elle et de sacrées responsabilités : de quoi avoir les nerfs. Une autre dit qu'elle ne veut plus de doublure : « J'en ai formé cinq cet été, elles se sont toutes barrées ! » Le cycle

---

1. Médicament utilisé pour traiter l'hypothyroïdie.

« usure – absentéisme – sous-effectif – usure » est difficile à enrayer.

Pendant la pause sur la terrasse, on se félicite d'un jour de repos à venir, on maudit le planning et celle qui l'a conçu, on médit de l'équipe de la veille qui a laissé des merdes derrière elle. On cause permis de conduire, démarches pour la nationalité, modèles de perruques, études de marketing ou de médecine, bonnes adresses pour les ongles ou les cils, prix des billets pour rentrer au bled. Et des résident·es bien sûr.

Un matin à 8 heures, c'est la fiesta chez Mme Bordes : « Nique ta mère sur la Canebière / Nique tes morts sur le Vieux-Port ! » braille la télé. « Bonjour Claudie, vous aimez le rap ? » je crie. « Non, ça me met une tête comme ça ! Regarde voir si tu trouves la télécommande sous le lit. »

Claudie a soixante-trois ans, elle est obèse et a la jambe droite complètement rongée par un staphylocoque doré. Elle semble irrémédiablement échouée sur son lit, dont on ne peut la sortir qu'à l'aide du lève-personne et de deux voire trois personnes. Elle ne quitte sa chambre que pour le repas du midi, quand les forces en présence sont suffisantes pour la lever. Pour cette occasion, elle ne manque pas de se maquiller, ce qui occupe une bonne partie de sa matinée. Elle garde le moral, adore plaisanter, mais sait également élever la voix quand on tarde trop à répondre à ses appels.

Sur l'étagère de Mme Simonetti, de trente ans son aînée, je découvre en passant la lavette une belle collection de romans d'amour. Elle peine à les lire : les yeux, la tremblote ; mais heureusement l'amour se chante aussi. Une fois installée dans son fauteuil devant la porte de sa chambre, si on ne l'a pas contrariée pendant la toilette, elle aime entonner Dalida, Tino Rossi ou Petula Clark, d'une voix forte et encore bien assurée. « Il m'a dit : "C'était pas si mal" avec la candeur infernaaaaaaale de sa jeunesse[2] ! » s'égosille-t-elle dans le couloir. Un bravo et des applaudissements retentissent ; Mme Simonetti remercie modestement, ravie de son petit succès.

Pour M. Nadal, les occasions de se distraire sont rares. Il n'a plus l'usage de la parole, mais il comprend certaines choses, on le devine à son regard. Il bat la cadence des deux jambes pour passer le temps en attendant qu'on le nourrisse, qu'on le change ou qu'on le déplace. Il a de grosses paluches d'ouvrier, il aime serrer fort la main, le poignet, le bras, tout en fixant son « interlocuteur » bien dans les yeux. C'est assez impressionnant au début, on se demande si la grosse main ne va pas finir par vous saisir à la gorge. Mais M. Nadal est un homme affectueux :

---

2. Dalida, « Il venait d'avoir 18 ans », 1973.

alors que je lui fais manger sa Blédine à la petite cuillère, un matin, il me caresse le bras du bout des doigts. Il fait partie des chouchous : Carine caresse son crâne chauve et lui fait un gros câlin ; une autre collègue lui tend sa main, qu'il porte avec lenteur à sa bouche pour y poser galamment un bisou humide. Ça la fait rire.

« OH ! LA BARBE ! »

Il est 7 h 30, une AS pousse le fauteuil de M. Dauriac et l'installe à sa table, face à un pilier de la salle à manger qui lui bouche la vue. Il somnole encore. « Ça va Jeannot ? » je lui demande en posant son café au lait et ses tartines. « Ah ouais ! » répond-il, conciliant, en me regardant avec ses grands yeux bleus. Il empoigne un triangle de pain de mie ; je poursuis la distribution.

En raison des risques de fausse route, Jeannot ne peut pas prendre son petit-déjeuner au lit comme la plupart des autres résident·es : il doit avoir le buste bien droit. Il a donc le « privilège » d'être le premier levé, lavé, rasé, habillé. Et de passer quatre à cinq heures devant son pilier, à lécher ses doigts pleins de confiture, à repositionner la nappe ou à piquer du nez. « Ça va Jeannot ? » demande l'une ou l'autre en passant. « Ah ouais ! » répond-il systématiquement. Son après-midi se passe avec quelques autres, en un demi-cercle silencieux devant la télé. À chaque étage, on trouve de petits groupes somnolant face à une baie vitrée donnant sur rien ou devant un feuilleton inepte. Pour beaucoup, les journées à l'EHPAD sont de grandes étendues de néant percées d'irruptions plus ou moins joviales.

Ainsi, deux rythmes s'entrechoquent : la lenteur inhérente à la vieillesse et la vitesse imposée au personnel. Lors d'une transmission, une AS de cinquante-trois ans soulève le problème de la perte de sens due au manque de temps : « J'ai l'impression de les gaver en leur donnant à manger trop vite. J'aimerais pas qu'on me traite comme ça ! » Problème structurel, répond la cadre de santé : ce n'est pas lié à l'établissement, ce sont les contraintes de budget.

Depuis quelques jours, je prends dix minutes le matin pour chanter avec Mme Simonetti. Je gare mon chariot, enlève les gants, me frictionne les mains au gel hydroalcoolique et m'assois dans un fauteuil de son salon personnel, ce coin de couloir qu'elle a investi. J'ajoute à son répertoire « Mon amant de Saint-Jean » et « Padam padam… », elle enrichit le mien de chansons vieillottes et charmantes. La discrète Mme Bailly fredonne du bout des lèvres, l'irascible Mme Lopez hoche la tête comme si elle approuvait des paroles qu'elle ne comprend pas, une kiné interrompt un exercice de marche pour écouter, la coiffeuse reprend le refrain en passant. Cette petite trouée dans l'irrémédiable ennui ambiant fait du bien à tout le monde.

Hélas, je le paye en fin de matinée : pour terminer mes quinze chambres, le lot quotidien de l'ASH en poste le matin, c'est bien souvent ma pause qui saute. Alors autant que cela profite au maximum de résident·es. Mais si Mme Simonetti aime bien avoir un petit public, elle veille jalousement à son espace privé. « Ah non, pas elle ! » s'écrie-t-elle, alors que je tente d'inclure Mady, notre doyenne. « Elle parle trop mal ! » C'est aussi l'avis général. Moi, j'avoue, je ne peux pas m'empêcher de rire quand je l'entends s'exclamer : « Oh regardez, ces enculés ont laissé la fenêtre ouverte ! »

D'autres sont tolérées, sans plus. Je toque à la porte de la chambre face à celle de Mme Simonetti :

— Mme Milnis, venez, on va chanter !
— Comment ?
— Mme Milnis, vous voulez chanter avec nous ?
— Ah bonne idée ! répond-elle chaque jour.

Elle se lève sans mon aide, grimpe sur son fauteuil roulant et attrape au passage un plaid troué et crasseux. Elle a en permanence les jambes croisées et manœuvre fort habilement son fauteuil du bout du pied. Elle chante de bon cœur « Padam padam… », écourte un peu les amours des amants de Saint-Jean puis, quand Mme Simonetti attaque son répertoire personnel : « L'amouuuuuuur, c'est ma chanson[1] ! », Mme Milnis s'écrie « Oh ! la barbe ! »

---

1. Petula Clark, « C'est ma chanson », 1967.

et effectue une retraite dans sa chambre en marche arrière, d'une poussée du pied. «Vous avez entendu, Denis?» me demande Mme Simonetti, vexée. Le lendemain, la scène se reproduit à quelques détails près.

D'autres refusent de se joindre, par principe ou par timidité. Lili, par exemple, qui prend un regard de petit animal effrayé dès qu'elle pointe le museau hors de sa chambre.

— Ça va Lili?

Elle agite la main : couci-couça.

— Fatiguée! On est quel jour?

— Lundi, Lili!

— Très bien, merci Denis!

J'en profite pour récupérer un verre et passer un coup sur sa table.

— Merci Denis! On est dimanche?

— Non Lili, lundi!

Avant de quitter sa chambre, je fais un test :

— Et demain, on sera quel jour?

Elle fronce les sourcils :

— Ça dépend, quel jour on est?

« ON DANSAIT À EN MOURIR »

Afin de maintenir le contact avec les familles en ces temps de COVID, tout en évitant au maximum la circulation de personnes extérieures dans l'EHPAD, un strict protocole a été mis en place. Un droit de visite d'une demi-heure par semaine et par résident est accordé, sur rendez-vous. Les rencontres ont lieu au rez-de-chaussée, dans une chambre libérée à cet effet et dans un espace du salon, séparé par des paravents.

Aujourd'hui, je suis préposé aux visites. J'achemine les résident·es, accueille les visiteurs, vérifie qu'ils inscrivent bien leurs noms et coordonnées sur le cahier, que les consignes sanitaires sont respectées (visiteurs et visités sont séparés par une table) et, au terme du temps chichement imparti, je sonne la fin de la visite. Le week-end, il n'y en a pas, faute de personnel pour les gérer. Certain·es résident·es ont droit à des visites en chambre, lorsque leur état physique ou mental le requiert. Beaucoup ont renoncé à passer les fêtes de fin d'année en famille, pour ne pas être confinés une semaine en chambre au retour. Ainsi le rôle des proches est considérablement amoindri et le moral de nos résident·es s'en ressent. Dans ces conditions, comment ne pas voir l'EHPAD comme un lieu de privation de libertés ? Et le préposé aux visites comme un maton ?

Mais pour nous, le travail en soi n'est pas désagréable : on circule, on voit des gens, on discute. On met un visage sur des prénoms maintes fois répétés, on rassure, on écoute des anecdotes. J'apprends par la fille de M. Lacaze que celui-ci fabriquait et vendait des vélos et qu'il a construit le tandem avec lequel sa femme et lui ont franchi les cols des Alpes et des Pyrénées en guise de voyage de noces. « Hein papa ? » lui crie sa fille à l'oreille. Avachi dans son fauteuil roulant, M. Lacaze hoche la tête avec un sourire satisfait ; il est dans son monde. Stimulés par les enfants, qui sont bien souvent des personnes déjà âgées, les souvenirs reviennent parfois.

— C'était une passionnée de danse, me confie la fille de la charmante Mme Cadène.

— Oh ça oui ! confirme celle-ci. Je faisais des concours : tango, paso doble, cha-cha-cha. Vous avez connu le Ramier ? Non, vous êtes trop jeune ! Un très beau dancing. On allait danser à en mourir, et puis après on rentrait à la maison. Ma mère ne me disait rien, elle me laissait sortir. C'était vital pour moi, vous savez, c'était mon oxygène.

— Tu avais quel âge, maman ? J'étais déjà née ?
— Ça, je ne sais plus ! Oui, un très beau dancing, fait-elle, perdue dans ses souvenirs.

Puis elle lâche : « Les jeunes, comme ils dansent aujourd'hui, ça me fait pitié ! »

Pour compenser l'absence de visites le week-end et de séances d'animation, nous tentons d'apporter un peu de distraction. Un goûter en musique, des crêpes, des petits moments de causette. Morgane, une aide-soignante, a mis la main sur une grille de mots fléchés et essaye de stimuler Mme Simonetti pour la remplir : « Allez Yvette, faites un effort ! » Mais il faut bien avouer que celle-ci n'en fait pas beaucoup. M. Puech passe par là en traînant ses pantoufles :

— C'est bientôt le goûter ?
— Pas encore Gérard ! Ah tiens : dessous féminin en cinq lettres ?
— String ! lance une autre AS, mais c'est trop long.

Yvette, elle, ne voit pas.

— Jupon ! réplique Gérard.

Ça colle.

— Bravo, on voit le connaisseur !

Morgane enchaîne :

— Ah Yvette, il est pour vous celui-là : « vieille » en quatre lettres ?

« JE T'AIME COMME UN FRÈRE ! »

Après un mois de pluie et de froid, les beaux jours sont là. Et pourtant le jardin reste désespérément désert : personne ne prend le temps ou la peine de descendre des résident·es pour leur faire prendre l'air. Je propose à Suzanne qui, d'habitude, est toujours partante pour une petite déambulation dehors. Mais là, elle ne peut pas, elle va avoir la visite de sa mère et me demande de l'aider à faire son lit. C'est en fait sa petite-fille qui doit venir.

Les règles des visites ont beau s'être assouplies tout récemment, elles doivent avoir lieu en chambre exclusivement, porte ouverte, gestes barrières, etc. Un mieux par rapport aux « parloirs » de ces derniers mois, mais pour le jardin en famille, c'est non. Allez comprendre pourquoi...

Mme Simonetti, quant à elle, accepte. Nous faisons le tour habituel, avec une pause devant la grotte artificielle où loge une Vierge en plâtre, le temps d'une courte prière pour la santé des proches et le repos des morts. Puis nous nous posons au soleil et Yvette me raconte : son veuvage à vingt-quatre ans, l'usine de câbles téléphoniques pour nourrir les petits, l'amour rencontré à cinquante ans. Je lui parle un peu de moi, comme à une grand-mère, avec ce que l'on dit et ce que l'on omet. Et là, qui voyons-nous arriver ? Suzanne et sa petite-fille ! Suzanne, dont la mémoire est un filet aux mailles trop lâches ne retenant que des filaments du présent, se souvient fort bien qu'il était interdit d'aller au jardin, et rit du bon tour que sa petite-fille et elle ont joué aux autorités. Elle garde le sourire pour le restant de la journée.

À quoi sont occupées mes deux collègues aides-soignantes de l'étage cet après-midi ? À mettre en place les « projets de vie individualisés ». Si on demande à Suzanne quel est son projet de vie, la réponse sera certainement « rentrer chez moi ». D'autres répondront aussi « partir » : les fatigué·es de la vie sont légion ici. Quant à moi, je suggérerais, pour commencer, de mieux respecter le rythme des résident·es et accorder à chacun·e, plusieurs fois par semaine, un moment pour papoter, écouter les souvenirs, faire la lecture ou une grille de mots fléchés, prendre une photo sur l'étagère et demander « Qui c'est ? ». Un vrai moment, pas une parcelle de temps arrachée entre la chambre 318 et la 319. Et pour toutes et tous, pas uniquement celles et ceux en compagnie desquels il est facile de passer un bon moment. Aller chercher Bernard au fond de sa dépression, converser avec Lili qui répète inlassablement les mêmes questions comme un disque rayé, parler à M. Lacaze en criant pour se faire comprendre… Tout cela demande du temps, de l'énergie et de la patience.

Et de la patience, il en faut avec certain·es. Quand elle ne va pas bien, Mme Lopez se raccroche aux détails du quotidien de manière obsessionnelle. Le matin, elle sort de sa chambre avec son propre plateau et là, il faut verser un peu de chocolat dans sa tasse, pas beaucoup, compléter avec du lait, puis remplir un autre verre de lait, jusqu'au trait exactement. Si les consignes ne sont pas respectées, elle est capable de tout balancer dans l'évier et de claquer sa porte à la volée. Ma collègue Carine en a fait plusieurs fois les frais. Mais aujourd'hui, ça va. Par contre, elle me demande de vérifier le stock de poudre dans la machine pour être sûre qu'il y aura sa *leche*[1] du midi. « Plus tard, Mme Lopez, là je suis occupé ! » je lui réponds. Mais elle revient à la charge plusieurs fois dans la matinée, elle a besoin d'être rassurée. Le midi, alors que je suis en pleine plonge, elle vient me demander de remplir sa tasse, pour le soir cette fois. Là j'explose : « Mais c'est pas possible,

---

1. En espagnol, le mot « lait » est féminin et se prononce « létché ».

foutez-lui une vache sur son balcon ! J'en peux plus de sa *leche* ! » Mes collègues sont mortes de rire. Un peu honteux de mon emportement, je vais la voir en partant et lui souhaite une bonne après-midi ; elle me prend les mains et me dit : « *¡Te quiero como un hermano!* » (Je t'aime comme un frère). Comment résister à cela ? Demain Mme Lopez aura sa *leche,* à la seconde et au millimètre.

« ÇA VA DENIS, TRANQUILLE ? »

J'ai réduit mon temps de travail : je ne bosse plus que douze journées par mois, ce qui me laisse plusieurs jours d'affilée pour mes autres activités. L'effet inattendu, c'est qu'après une semaine hors les murs, je me reprends l'EHPAD en pleine poire. Les couloirs interminables, les odeurs, les petits groupes somnolents, les corps avachis dans les fauteuils, ce cruel manque de vie... Presque comme au premier jour sauf que, ce jour-là, c'était prévisible. Dès que l'on prend trop de recul ou que l'énergie n'y est plus, c'est toute la tristesse de ce lieu qui vous saisit.

Chez nos résident·es aussi les humeurs sont fluctuantes. Après avoir été franchement pénible avec moi, Mme Testud semble plutôt bien disposée à mon égard. « Tu fais ça mieux que les filles ! » me dit-elle en me regardant passer la serpillière. Puis elle ajoute : « La plupart, ce sont des fainéantes ! » Avant qu'elle ne me précise lesquelles en particulier, je lui demande l'autorisation de nettoyer son frigo. Tout de suite la méfiance revient : « D'accord, mais ne touche à rien ! »

Pour Mme Lopez, rien ne va. Toujours la même histoire : elle rêve de se carapater de cette *casa de mierda* (maison de merde) pour retourner en Espagne, chez elle. Mais là, sa hargne semble complètement retombée. Quand je lui apprends qu'il n'y a plus de pâtes de fruits, elle se contente de hausser les épaules et n'insiste même pas pour que j'aille lui en chercher en cuisine. D'habitude, c'est comme cela qu'elle m'a, à l'usure. À la fin de mon service, alors que le vestiaire m'appelle, elle se confie. Cette fois, elle conclut sa litanie en lâchant : « La seule chose qui me fait plaisir, c'est de penser à Franco ! À la maison, on avait son portrait ! » Et elle me raconte à nouveau et en détail ce jour mémorable où le Caudillo a traversé son village dans sa grande voiture noire décapotable, drapeaux au vent, sous les acclamations des habitants.

Gérard, lui, prend les choses avec beaucoup de détachement. En apparence tout du moins. Il se repose, vautré sur son lit, le T-shirt tendu par la bedaine, et mange et boit tout ce qui lui passe à portée de main. Il n'est pas rare que sa voisine de réfectoire, de retour des toilettes, trouve son assiette vide, ou qu'une briquette de jus de fruits disparaisse du chariot à l'heure du goûter. Mais là, tout de même, il abuse : il a fauché un kit de semis que nous avions posé sur une table dans l'idée d'initier une petite activité jardinage. En voyant la photo de carottes sur l'emballage, il a dû penser qu'il s'agissait d'un plat cuisiné! Ça me fait sourire, mais je vais tout de même lui demander des comptes. «Ah non, c'est pas moi!» se défend-il, alors que sa tablette est pleine de terreau. Par contre, impossible de mettre la main sur le sachet de graines.

Un midi, alors que je me dirige vers l'office, j'entends derrière moi: «Ça va Denis, tranquille?» C'est Christophe, un des agents techniques chargés de réparer, remplacer, déboucher, repeindre. Un jovial, toujours prêt à vous poser une devinette ou sortir une blague à la Bali Balo.

— Tranquille, c'est pas exactement le terme, je lui réponds.

C'est la fin de matinée, je suis cuit. Christophe prend un ton grave:

— Il y a pire que nos boulots, et tu sais ce qui est pire?

Pas le courage d'aller sur ce terrain, je hausse les épaules. Christophe poursuit, parfaitement sérieux pour une fois:

— Ce qui est pire, c'est la femme du Sahel avec son sein tari, son bébé dans les bras!

L'argument massue! Que répondre à cela? Rien, je le plante là sans un mot.

Le lendemain soir, alors que j'affronte un évier rempli de vaisselle engluée de purée, tout en guettant du coin de l'œil la pendule afin de ne pas arriver en retard pour le service en salle, avec ce foutu masque qui me cisaille derrière les oreilles et m'étouffe dans la vapeur du lave-vaisselle, je repense au sein tari de Christophe et me mets à rire.

« ELLE A TOUT
POUR ÊTRE HEUREUSE ! »

Gérard est assis face à la baie vitrée, il regarde le jour tomber. En décembre, je venais souvent m'asseoir à côté de lui pour observer les ballets d'étourneaux. La discussion se limitait à « Oh là là, t'as vu ça ? », mais c'était un moment agréable pour tous les deux et, pour moi, une petite pause avant d'attaquer le service du soir. Depuis, les étourneaux sont partis, Gérard est encore là et il s'emmerde.

— On aurait dû faire comme eux, je lui dis, foutre le camp !
— Ah oui, bonne idée !
— Où est-ce qu'on pourrait aller ?
— Au Maroc ?
— Parfait, je préviens la direction.
— Mets juste « absent » sur la porte, suggère-t-il.

Gérard est un jeune de soixante et onze ans, valide, facile à vivre, qui aime plaisanter, manger, chanter, faire des mots fléchés et raconter ses virées à mobylette ou en combi Volkswagen. Mais comme il n'y a rien à faire ici, il passe le plus clair de son temps à rêvasser, allongé sur son lit. Que fait-il en EHPAD ? La santé n'est pas brillante, il ne peut pas se passer de soins et sa mémoire est défaillante : il faut souvent le guider pour qu'il retrouve sa chambre.

Mady, elle, a l'âge d'être la maman de Gérard. Avant, elle était dans un fauteuil droit et suffisamment bas pour qu'elle puisse se déplacer avec les pieds. Mais en raison de douleurs aux jambes, elle est passée en fauteuil confort, plus profond et avec repose-pieds, ce qui a sonné la fin de sa toute relative autonomie. Souvent, pour lui occuper les mains, je lui donne les lavettes à plier. Ce qu'elle préfère, ce sont les bandeaux verts en microfibres pour dépoussiérer. Elle prend cette tâche très au sérieux : elle les lisse vigoureusement du plat de la main puis les plie soigneusement en deux. Ce qui ne sert à rien vu que généralement, on les fourre en vrac dans le tiroir du chariot de nettoyage, mais ce n'est pas grave.

— Merci Mady, vous me rendez bien service !
— Oh vous savez, j'aime bien me rendre utile, me répond-elle.

Dès qu'il y a un rayon de soleil, je la sors dans le parc, elle ne demande que ça. « Vous êtes bien couvert ? » s'inquiète-t-elle dans l'ascenseur. Je l'installe à l'abri du vent et elle me raconte sa vie d'aide-soignante à l'hôpital. Elle se souvient de tout et rejoue même les dialogues. Parfois, ce n'est pas très gai, surtout quand elle évoque son père et son grand-père, « de beaux salauds, je vous prie de croire ! »

Un jour de grand soleil, comme Mady a une visite de sa fille, je sors d'autres personnes et lorsqu'elle réclame à sortir, il n'est plus l'heure. Elle est contrariée. « Faites voir », me dit-elle. J'ai encore le manteau de Suzanne et son écharpe sur le bras. Elle tâte le tissu puis lâche :

— C'est un beau manteau, ça. Elle a tout pour être heureuse, elle !

— Demain, je vous sors, Mady, c'est promis !

Mais le lendemain, je ne travaille pas, j'avais oublié, et il y a fort à parier que personne ne prendra le temps de l'accompagner.

Finalement, pourquoi Gérard ne promènerait-il pas Mady, une fois de temps en temps ? Ça leur ferait prendre l'air, il s'ennuierait moins et elle aurait l'attention qui lui fait si souvent défaut. Hélas, sans assistance de notre part, c'est pratiquement impossible : il faut prendre l'ascenseur, composer le code pour sortir puis slalomer entre les voitures du parking, souvent garées dans le passage faute de place. Et pour rentrer : code à nouveau (différent du premier), ascenseur, long couloir... Et s'il y avait un pépin ? Seules les chambres et les salles à manger donnent directement sur le jardin, ce n'est pas évident de jeter un œil de temps en temps. Donc autant être là, pousser le fauteuil, ouvrir les portes et faire la conversation. Et sonner la fin de la récré en fonction de nos contraintes. Ou encore plus simple : ne pas sortir du tout.

Les gens arrivent à l'EHPAD en raison d'une dépendance, mais une fois entrés, l'institution achève de les rendre dépendants pour presque tout. Quand des changements sont proposés pour pallier l'irrémédiable ennui et leur rendre un peu de liberté d'action, soit c'est impossible pour des raisons de sécurité, soit la force de l'habitude et l'inertie du personnel découragent les bonnes volontés. On pourrait faire un potager, de la pâtisserie, une belote ou un scrabble, aller boire une grenadine au bistrot du coin ou simplement sortir pour regarder passer le tramway et sentir l'agitation de la ville. Quand j'en parle aux anciennes, elles me répondent souvent : « Avant, ça se faisait ! » Aujourd'hui, profiter d'un simple rayon de soleil dans le jardin, c'est déjà toute une histoire.

« ÇA NE SE FAIT PAS DE TOUCHER UN HOMME À CES ENDROITS ! »

Dès mon entretien d'embauche, la directrice évoque la possibilité de me former aux soins, si cela m'intéresse. Partant du principe que ça peut toujours servir, j'accepte. Deux mois plus tard, je me retrouve en « doublure soins » avec Rémi, aide-soignant diplômé.

C'est après le petit-déjeuner, vers les 9 heures, que les choses sérieuses commencent. Nous attaquons par une dame grabataire depuis quelques semaines. Son état de santé s'est dégradé, elle n'en a plus pour longtemps. Elle s'exprime encore, mais d'une voix tellement faible qu'il faut quasiment coller l'oreille à sa bouche pour comprendre. Elle est perfusée et tient son bras droit collé à son corps fragile et douloureux ; ses os pointus affleurent, on dirait qu'ils cherchent à percer la peau. Je me contente d'observer Rémi lui donner la douche au lit : il l'arrose généreusement avec un gant ; elle apprécie, son visage se détend. Après l'avoir séchée, avoir changé les draps et l'avoir habillée, il lui fait les soins cutanés, tout en m'expliquant chaque geste. C'est une toilette longue et compliquée qui prend près d'une demi-heure.

Nous passons ensuite chez Mme Simonetti. D'habitude, je viens m'asseoir près d'elle pour discuter ou pousser la chansonnette. La voir nue sur sa chaise de douche m'embarrasse, mais la gêne se dissipe rapidement. Rémi connaît par cœur son petit rituel, ce qui n'empêche pas Yvette de donner ses directives. Elle aussi a un protocole de soins cutanés, car sa peau se fissure sous les seins et dans les plis du tablier.

Avec M. Amiel, ça se corse : il a horreur qu'on le touche. La toilette se fait debout en se tenant au lavabo, position inconfortable pour ce monsieur qui ne sort du fauteuil que pour passer au lit. À l'office, les récits de ses toilettes sont fréquents : « Arrêtez de me tripoter ! », « Ne me touchez pas les fesses ! », « Ça ne se fait pas de toucher un homme à ces endroits ! », voilà le genre de réflexions auxquelles mes collègues ont droit. Un jour, l'une d'elles, excédée de se faire crier dessus, lui montre le gant de toilette plein de merde pour lui prouver la nécessité d'accéder à « ces endroits ». C'est choquant, mais comme dit une autre : « Si on force à se laver, c'est de la maltraitance ; si on respecte le refus, c'est de la négligence donc de la maltraitance. » Rémi et moi étant des hommes, ça passe mieux avec M. Amiel.

Parfois c'est l'inverse, une résidente va refuser la toilette si c'est un homme qui s'y emploie.

Après trois jours en doublure, j'ai vu un certain nombre de résident·es sous toutes les coutures. Je n'en reviens pas de ce que le temps fait aux corps. La peau de Mme Bailly est une pellicule fragile et sèche qui laisse voir par transparence tout un réseau de veinules et de marbrures. Ses ongles sont épais et jaunes ; on dirait que ses pieds sont en cours de fossilisation. Chez M. Dauriac, les cheveux sont fins comme des filaments de toile d'araignée, tandis que les poils poussent drus sur ses oreilles charnues. Pour beaucoup, les muscles ont abdiqué et laissent aux vêtements le soin de contenir les chairs. Les sexes sont ratatinés ; les derrières fripés, rouges et endoloris réclament leur couche de crème quotidienne. Voilà ce qu'on ne voit pas de la vieillesse, généralement, et qui fait le quotidien des aides-soignantes.

Malgré ce temps de doublure, auquel toutes mes collègues débutantes n'ont pas eu droit, je fais machine arrière et décide de me limiter à mon poste d'ASH. On m'a pourtant rassuré : « Tu ne prends que les "légers", si tu veux ! », « T'inquiète pas, on est là ! » Mais j'ai bien vu comment, au bout d'un moment, au hasard des absences, on peut se retrouver à endosser pleinement le rôle d'AS, alors qu'on n'est pas censé l'assumer.

Si je me suis débiné, c'est parce que je me sens incapable d'accepter la responsabilité des actes qu'on me demande. Le métier d'AS ne s'improvise pas, et apprendre sur le tas ne dispense pas d'une vraie formation. Le déclic, je l'ai eu un midi en donnant à manger à Philippe, le benjamin de l'EHPAD, hémiplégique à la suite d'un AVC, sous le contrôle de l'orthophoniste présente ce jour-là. La position du fauteuil, celle de la tête, la texture des liquides, la température des aliments, la façon de donner à manger à la cuillère, l'alternance de solide et de liquide… je découvre que tout a son importance pour éviter la fausse route. Plusieurs mois plus tard, Philippe décède d'une infection pulmonaire causée par des fausses routes à répétition, inévitables malheureusement vu son état de santé. Il avait soixante et un ans, ça m'a fichu un coup. Je me suis dit que finalement, passer la serpillière, faire la plonge, servir à table, papoter, rire et chanter, c'était plus dans mes cordes.

« ELLE A PAS FINI DE VOUS EMMERDER, CELLE-LÀ ! »

— Monsieur, je vous en supplie, sortez-moi de là !

Nous sommes samedi, il est 13 h 30, Mady est seule dans la salle à manger du troisième.

— Qu'est-ce qui se passe, Mady ? je lui demande.

— Elles sont méchantes comme la gale ! Elles m'ont mise ici pour être tranquilles !

Je vais à l'office me renseigner auprès de mes collègues. Celles du matin sont parties, il reste Ophélie et Aminata qui travaillent douze heures ce samedi. Demain, elles en feront six tandis que les autres se taperont la longue journée. C'est ainsi un week-end sur deux, et ces jours-là, la pause déjeuner, c'est sacré ! Elles me donnent leur version de l'histoire : Mady est tout simplement insupportable, elles n'en peuvent plus ! Celle-ci continue à appeler à l'aide comme si sa vie en dépendait ; je retourne la voir.

— Il paraît que vous les avez insultées, je lui fais.

— Oh, c'est qu'elles le méritent !

Finalement, je rapatrie Mady à l'office pour ne pas la laisser seule. Elle se calme, mais au bout de cinq minutes, elle recommence :

— Regardez-les, elles sont en train de manger. Pensez-vous qu'elles m'en proposeraient ?

— Vous voulez goûter, Mady ? lui demande Aminata en lui tendant son tacos.

— Oh non merci, je n'ai pas faim !

Plus tard dans l'après-midi, alors que je passe devant M. Lacaze en poussant le fauteuil de Mme Gaubert vers l'ascenseur, celui-ci m'interpelle :

— Où est-ce qu'elle va, celle-là ?

— On sort dans le jardin, M. Lacaze, vous voulez venir ?

Après un silence songeur, il conclut :

— Eh ben, elle a pas fini de vous emmerder !

Il a un coquard et un pansement sous l'œil, mais il est incapable de raconter ce qui s'est passé. C'est sa fille, le lendemain, qui me donne le fin mot de l'histoire : « Il l'a brutalisée, me dit-elle en me montrant Mme Gaubert. Elle s'est défendue, bien fait pour lui ! » Je regarde cette frêle dame dans son fauteuil roulant, je n'en reviens pas. Mais les aides-soignantes me le confirment : par moments, c'est une véritable furie. Pendant quelques jours,

M. Lacaze se tient à distance, mais l'une et l'autre passent leur journée à lentement divaguer dans les couloirs : ils retombent immanquablement l'un sur l'autre, ce qui débouche souvent sur des cris, voire des empoignades.

Du lundi au vendredi, des animations sont proposées : jeux de mémoire, chansons, dessin, films documentaires. Elles sont bien appréciées, mais ne profitent qu'à une grosse vingtaine de résident·es, pratiquement toujours les mêmes. Mady, Mme Gaubert et M. Lacaze n'y participent jamais, car elles ne leur sont pas adaptées. Comment un animateur, un seul pour quatre-vingt-huit personnes, pourrait-il offrir des distractions conformes à la condition de chaque résident·e ? Le seuil pour obtenir un deuxième poste est de quatre-vingt-dix. Dommage ! Pourquoi pas un spectacle de temps en temps ? De la danse, un concert, un clown ? Ça permettrait à plus de personnes d'en bénéficier. Avec un budget animation annuel de quatre mille euros, qui comprend le matériel et les petits cadeaux (anniversaires, bienvenue), il ne faut pas rêver.

L'ennui en EHPAD n'est pas une fatalité, il semble même bien assumé par nos gestionnaires. Comme il faut tout de même soigner l'image, nous venons de recevoir une table interactive Tovertafel® : un dispositif qui projette de jolis dessins colorés sur une table, avec lesquels on peut interagir. Cela « diminue l'apathie en encourageant le mouvement et l'interaction sociale », dixit le site du fabricant. Coût du joujou : huit mille huit cents euros. Sans commentaire.

Après tout, pourquoi pas, tout est bon à prendre pour se changer les idées. J'installe Mady devant la table et commence en douceur, avec des fleurs. Dès qu'une pâquerette apparaît, elle tape dessus ! Pareil avec les papillons, les bulles de savon ou les feuilles mortes. Au bout de dix minutes à peine, elle en a marre. Ça tombe bien, moi aussi. On n'a pas fini de s'emmerder en EHPAD.

« QUAND Y A QUE DES NÉNETTES... »

« Oh, mais y a que des mecs, ici ! » s'exclame Valérie, une collègue cantinière, en entrant à l'office du troisième étage. Effectivement, ça ne m'avait pas frappé, nous sommes cinq garçons. Dans ce milieu essentiellement féminin (sauf la cuisine où c'est très masculin), c'est tout à fait inhabituel. Valérie est ravie : « Quand y a que des nénettes, ça se tire dans les pattes ! » C'est elle qui le dit. Moi, je n'ai pas à me plaindre de mes collègues. Des binômes tournent mieux que d'autres, certaines ont l'esprit d'équipe, d'autres pas franchement ; il y en a qui sont aux petits soins avec les résident·es, d'autres pour qui ce boulot est purement alimentaire et qui l'expédient, mais d'une manière générale, je dirais que l'ambiance est plutôt bonne.

Mettons un moment de côté l'abandon dans lequel se trouvent certain·es résident·es, le manque de moyens, les absences non remplacées qui nous épuisent et nous empêchent de bien faire le job, les pannes d'ascenseur ou de chauffe-eau qui nous empoisonnent la vie, mettons tout cela de côté et regardons qui travaille dans cet EHPAD.

Beaucoup de jeunes, tout d'abord. Des stagiaires aides-soignantes ou infirmières, mais aussi des étudiantes en sociologie, médecine ou commerce international, qui financent ainsi leurs études. Il y a celles qui bossaient déjà dans le milieu, pour Orpéa, Korian et compagnie ou comme aides à domicile. D'autres sont passées par McDonald's, Accor ou Disneyland avant d'atterrir ici. On voit aussi débarquer des élèves de sciences et technologies de la santé et du social (ST2S), avec leurs discussions de lycéennes : « T'as combien de pages à faire, toi ? »

Mais nous avons aussi une lingère qui, après vingt ans passés à laver et plier le linge des résident·es et les tenues du personnel, dans une atmosphère bruyante et surchauffée, a atteint l'âge d'être admise en tant que résidente. Cruel constat.

Hormis la France métropolitaine, on vient de Martinique, de Guadeloupe, de La Réunion, de Guyane française, de Nouvelle-Calédonie, de Saint-Martin, de Mayotte, et aussi d'Algérie, du Maroc, du Sénégal, de la Côte d'Ivoire, du Cameroun, du Mali, de Guinée, de Centrafrique, de Madagascar, du Bénin et certainement d'ailleurs. « D'où tu viens ? » ne fait pas vraiment partie des questions que l'on pose ; on l'apprend au détour d'une conversation, ou pas. Ainsi, il semblerait que le personnel de l'EHPAD dessine une carte des DOM-TOM et anciennes colonies françaises.

Dans ce petit milieu clos, il se crée des liens entre le personnel et les résident·es. Quand Mme Lopez en a gros sur le cœur, elle va voir Aïcha qui la prend dans ses bras et la câline. Un jour, je trouve Ophélie la tête posée sur les genoux de Mme Simonetti, qui lui masse le crâne en souriant. Comme elle pourrait le faire à son arrière-petite-fille, si celle-ci venait la visiter. Pendant deux semaines, Valérie monte chaque jour à notre étage pour accompagner une résidente agonisante qu'elle aime beaucoup. Elle lui lit des passages de la Bible alors qu'elle-même est athée. Grâce à elle, cette dame part en paix et accompagnée. « Elle est morte dans mes bras. C'est mon plus beau souvenir en vingt-cinq ans d'EHPAD », confie Valérie quelques jours plus tard, encore émue.

J'imagine que pour une aide-soignante qui attaque le lundi à 6 h 30, déjà fatiguée par son week-end travaillé (dont une journée de douze heures), ce n'est pas forcément ce qui ressort de l'EHPAD. Elle pestera sans doute contre celle qui, par facilité, fait une toilette au lit au lieu de la douche prévue ou contre celles qui prennent des pauses à rallonge. Mais pour moi qui ai plus de recul maintenant parce que j'y suis moins et uniquement le soir, c'est-à-dire pas pendant le rush du matin, l'EHPAD, c'est aussi ce drôle de mélange de personnalités et ces moments fugaces de tendresse, qui contribuent grandement à l'intérêt de ce boulot.

« POTAGE, DEUX LOUCHES ! »

Il est 18 h 35, Valérie ouvre les portes de la salle à manger et annonce : « À table ! » « C'est pas trop tôt ! » lâche Mme Testud qui s'empresse d'avancer son fauteuil pour couper la route aux autres et entrer la première. Certain·es attendent dans le salon depuis une bonne demi-heure déjà. Valérie et moi aidons la quarantaine de résident·es qui mangent ici le soir à s'installer. Je donne le bras à Mme Texier. « C'est gentil ! Vous savez, je n'y vois plus rien. » Je le sais, elle le répète à chaque repas. « C'est malheureux de vieillir ! » soupire-t-elle. Une fois assise, elle attrape le pichet de vin et s'en sert un bon verre.

— Vous n'y voyez rien, mais vous avez su trouver le pinard ! je lui lance.

— Oh oh, vous avez entendu ça ? s'esclaffe une de ses voisines.

— Qu'est-ce qu'il a dit ? Qu'est-ce qu'il a dit ? piaffe une autre.

Ces vieilles dames adorent qu'on les taquine.

Il est 18 h 50, tout le monde est là : on attaque le service, Valérie d'un côté, moi de l'autre. « Potage, deux louches ! » ; « Une louche et demie de vermicelles, pas trop de bouillon ! » À force, on connaît les habitudes. Mme Testud me fait signe de venir. « Est-ce qu'il y aura quelqu'un pour me reconduire à ma chambre ? » me demande-t-elle. Plus que la qualité du repas, c'est le principal souci depuis que l'ascenseur numéro un est en panne, pour une durée de deux mois et demi, nous a-t-on annoncé. Le temps de faire venir une pièce de je ne sais où, à dos de mulet, j'imagine. Je la rassure, elle me demande du rab de pain, je fais « oui oui » et commence à débarrasser bols, assiettes creuses et cuillères. Valérie ressert Jean-Michel (vermicelles, trois louches), puis elle descend à la plonge avec le chariot de vaisselle, par le petit ascenseur de service.

Il est maintenant 19 heures, l'ASH du deuxième arrive essoufflée : elle a laissé en plan sa plonge pour prendre le relais de Valérie. Aux autres étages se trouvent également des salles à manger, plus petites, pour des personnes moins autonomes. Il y a également des résident.es qui mangent en chambre. Nous pouvons commencer le service du plat. « Omelette aux champignons ! » j'annonce. « Encore ! » soupire-t-on un peu partout. C'est vrai que ça revient souvent. Moi ça me va bien, c'est plus facile à servir que les endives au jambon ou la pizza.

« Pas beaucoup, très peu, à peine, moins, la moitié, le quart… » Chaque soir, nous revisitons toute la gamme de la petite quantité. Seuls les cuisiniers semblent ne pas être au courant et s'obstinent à prévoir des portions de terrassiers. Résultat, la moitié des plats part directement à la poubelle. En voyant l'omelette, certain·es font la grimace et se rabattent sur la purée. « Et mon pain ? » me relance Mme Testud. Je n'avais pas oublié, la consigne est de ne pas lui en redonner : elle prétend que c'est pour elle, mais elle le planque dans son fauteuil pour le donner aux pigeons. « Oui oui, Mme Testud, je n'ai pas oublié ! » Alors que nous avons à peine terminé de servir, Mme Blanchot se lève pour regagner sa chambre. Elle ne prend pas de soupe et demande à ce qu'on lui serve le dessert en même temps que le plat. Cinq minutes chrono ! À l'autre bout de la salle, Mme Cadène savoure son potage à son petit rythme.

Nous débarrassons, je charge le chariot dans le petit ascenseur, sonne pour prévenir Valérie et là, il est 19 h 20 : l'ASH du deuxième file retrouver sa plonge tandis qu'une AS du rez-de-chaussée la remplace après avoir terminé ses couchers. Ça, c'est sur le papier. Le moindre couac dans les étages se répercute en salle à manger. N'allez pas en conclure qu'il manque du personnel : « C'est une question d'organisation » nous assure la cadre de santé.

En dessert, c'est crème caramel. Tout le monde aime ou presque, c'est vite expédié. Et c'est là que le grand capharnaüm commence. Alors que nous devons débarrasser verres, pichets et serviettes, les moins patient·es de nos résident·es commencent leur lente ruée vers l'ascenseur numéro deux et le service se termine par un embouteillage de fauteuils roulants, de déambulateurs et de chariots, tandis que les AS déboulent pour prendre leurs résident·es, que les miens me supplient du regard de ne pas les oublier et que Valérie sonne pour que je lui envoie le reste de vaisselle. J'expédie le dernier chariot, pousse le fauteuil de Solange d'une main tout en tirant celui de Louis, son mari, de l'autre et, avec les AS, nous organisons le retour au bercail, par fournée de trois fauteuils et deux piétons. « Vous courez partout, mais vous n'êtes pas organisés ! » fait remarquer Mme Testud. Elle se venge à cause du pain, mais elle n'a pas tort. Les autres se taisent, résigné·es. L'ascenseur s'arrête au deuxième étage. « Je suis arrivée ? demande Mme Texier. Vous savez, je n'y vois plus rien ! »

« ÇA VA ENCORE FAIRE DES TRUCS À HISTOIRES... »

Suzanne cause du matin au soir. Elle parcourt les couloirs avec son déambulateur et raconte, comme ça vient, comme ça peut, en mêlant passé, triste présent, rêves et regrets. Que raconte-t-elle ? Le plus souvent, nous ne prenons pas le temps de l'écouter vraiment. Alors je me suis permis de capter une bribe de son monologue, avec mon téléphone, pour faire entendre sa voix.

« Tu te rends compte que j'avais quatre maisons ? J'en ai vendu une et j'en ai gardé trois pour mes enfants. Ma fille a la plus belle, la grande. L'autre je l'ai donnée à une petite, une petite que j'adorais et puis après j'en ai redonné une à ma voisine en face et au curé. Je les ai données pour qu'ils en profitent, pour les gosses qui étaient malheureux, qui avaient pas d'argent pour manger le soir. Et puis là, il y a plus rien et c'est pour ça que je veux rentrer. C'est ma maison à moi, je l'avais prêtée à ma fille, mais c'est à moi, je suis propriétaire de cette maison, j'en pro… (*sanglot dans la voix*) j'en profiterai jamais parce qu'elle veut pas que je m'en aille, ma fille, elle veut pas que je m'en aille, elle me dit: "Maman, c'est trop fatigant." Je lui dis: "Mais ici je m'emmerde!" Qu'est-ce que j'ai là? Y a rien, on se dit "bonjour" ou "ça va", j'ai pas de vie, moi, là. J'ai toujours eu une vie, tu sais. Mon mari, il disait toujours: "Je crois que j'ai pris la plus emmerdeuse des femmes, mais pour tout le monde au monde (*nouveau sanglot*), je pourrais pas la donner." (*Silence, larmes.*) Et quand il est mort, ça a été épouvantable… Et après ma fille m'a dit: "Il faut que tu ailles dans ce… tu es trop fatiguée, maman, tu t'occupes de tout le monde, tu fais trop de choses." J'ai dit: "Moi, c'est ma vie d'aimer les enfants, d'aimer les grands, tout le monde, de pas les rendre malheureux." Ça, c'est une chose que j'ai jamais supportée, qu'on puisse rendre un gosse malheureux.

« Je vais te dire une chose qu'est arrivée. On était au restaurant pour manger le midi, le soir, voilà, c'est ça, et il y a deux petits qui sont… un peu jumeaux, tu sais? Qui parlent pas toujours très très très… très français mais qui sont français, mais qui sa sa sa… et ils ils… ils bafouillent, voilà! Et moi j'étais à une table là, une petite table et en face j'avais ce garçon qu'est pas, qu'est pas… qu'est anglais ou même peut-être… non, français, et alors il mangeait et il était avec quelqu'un d'autre qu'était pas gentil avec lui, alors je lui disais : "Mais pourquoi vous lui parlez comme ça ? Il comprend pas, ne lui parlez pas comme ça !" Alors il me disait : "Occupez-vous de vos… " Je lui disais : "Mais justement, c'est pas de vous que je m'occupe, c'est du petit, parce qu'il comprend pas." Il doit avoir dans les quatre, quatre ans, même pas, deux trois ans, gosse, un gosse. Pour moi, c'était un gosse. Alors là, je le regardais en face et comme j'y vois pas net, je disais rien, mais je lui disais : "Mange !" D'abord je lui ai dit "vous", tu sais, parce que des fois ça gêne, hein, "tu", alors je lui ai dit "vous". Il devait, oh oui, c'est tout ce qu'il devait avoir, trois ans, trois ans, petit, maigre, et alors je lui ai dit : "Il faut que vous mangiez un petit peu, allez !" Et puis là, je vois arriver les infirmières… D'une méchanceté, tu peux pas savoir. "Tu vas le manger ton truc, tu vas le manger !" Elles l'ont fait pleurer. Je te le jure, d'une méchanceté, parce qu'il voulait pas finir un truc, mais comme, comme si c'était le dernier des derniers des derniers, qu'on aurait dit qu'on les sortait de de de… d'une maison de cinglés. Et ils sont partis. Et ils ont emmené le gosse et je l'ai pas revu. Personne a déclaré. J'ai dit : "Je suis sûre que demain va y avoir une plainte contre mauvaise…" Et non, rien. Et là, je sais pas ce qu'il est devenu, et ce matin, j'ai pas osé et puis je me suis dit : "Ça va encore faire des trucs à histoires, tu te tais et tu laisses tomber." Ma fille, elle me disait : "Avec les enfants, fais très attention, ils savent pas ce qu'ils font, ils ont peur, ils peuvent avoir mal", et ça, ils ont fait une connerie, hein, alors maintenant, comment je fais pour dormir, moi ? Je peux pas non plus fermer à clé, il y a ni clé pour ouvrir ni clé pour fermer, tu peux monter, tu verras. Je suis allée aux waters hier, j'avais fermé un tout petit peu, mais ça fermait pas, il y a quelqu'un qu'est rentré à toute vitesse, c'est une femme qui passait, elle a ouvert la porte, elle a pas fait exprès, mais moi je m'attendais pas du tout, la bonne femme, j'avais mis des gros trucs comme ça derrière la porte pour pas que quand ils poussent, elle m'a fait éclater toute la porte, je me suis levée, j'étais à poil, je lui ai dit : "Mais qu'est-ce que vous faites là ?" "Tu tu… t'auras qu'à fermer ta… fermer ta ta ta… ta gueule là !" "Ma gueule ? Ah j'ai dit non, je ferme pas ma gueule, tu vas la recevoir sur la tête sur ta gueule, toi ! Je vais te la foutre, tu vas voir !" Alors elle me dit : "Laisse ouvert !" Je l'ai demandé, tu sais là où on achète, dans la cuisine, pour fermer, les clés. J'ai été leur demander, c'était un monsieur avec un béret rouge, il a pas voulu, il m'a dit : "Ah non non non, on a pas le droit !" ; et j'ai dit : "Oui mais on peut pas la fermer la porte." Et tu sais ce qu'il me répond : "Vous avez pas le droit, normalement on devrait vous mettre en prison !" J'ai dit : "Écoutez, je vais vous dire une chose, je suis enchantée d'être venue parce que si vous saviez ce regret que j'ai de voir des gueules comme les vôtres!" Ah non non non, ça serait à refaire, alors tu me connais, je suis emmerdante, mais pas pour des choses comme ça. Alors, qu'est-ce que je vais faire maintenant ? »

Suzanne m'appelle « mon chéri » ou « ma jolie ». Un jour elle nous crie « Je vous emmerde tous ! » cramponnée à la main courante ; le lendemain, elle se trompe de lit et nous bricole un vrai petit vaudeville. Elle a chanté pour la reine d'Angleterre, me confie-t-elle, et décèle chez Jeannot en train de tousser à en suffoquer la voix d'un ténor. Elle nous fait rire et a aussi le don de mettre tout le monde sur les nerfs, elle est terriblement angoissée, elle a de beaux yeux qui ne voient plus grand-chose ; elle continue à marcher et à raconter des histoires malgré tout.

« BOUM BOUM DANS LES OREILLES ! »

Dimanche est une longue journée pour le personnel, dont une partie travaille douze heures d'affilée. Pour les résident·es aussi, car il n'y a pas d'animations le week-end. Pendant la pause déjeuner, Marianne, une infirmière avec qui je m'entends très bien, vient m'embaucher pour un goûter-chansons qu'elle veut organiser au pied levé, avec des résident·es de tous les étages. Tout ce qui sort de l'ordinaire est bon à prendre, j'accepte et pars illico recruter des participant·es.

Je commence par une qui dit oui à tout, mais c'est l'AS qui dit non : elle a un régime spécial et n'est pas autonome pour le goûter. « Ou alors tu t'en charges », ajoute-t-elle. Risque de fausse route, je préfère m'abstenir ; j'appelle Marianne qui promet de s'en occuper. Et d'une ! M. Naud sort la tête de sa chambre. Pour lui, le dimanche, c'est sport, il ne faut pas le déranger. Les autres jours de la semaine non plus, d'ailleurs. Je propose quand même, il refuse d'un ton agacé et retourne à sa télé en claquant la porte car le match reprend. Tant pis pour lui, je poursuis ma maraude. Mme Simonetti adore chanter mais veut rester tranquille. Elle est méfiante, ce n'est pas habituel et, d'une manière générale, ce qui sort des habitudes mérite qu'on se méfie. Mme Bailly, elle, ne se fait pas prier, Gérard non plus. Lorsqu'elle les voit se diriger vers l'ascenseur, Mme Simonetti se ravise et demande à en être.

Dans le salon du deuxième étage, il y a foule. Une rangée de personnes assises dans des fauteuils, le déambulateur devant elles pour poser le verre et la part de quatre-quarts, et derrière, deux rangées serrées de fauteuils roulants. Forcément ça râle un peu, tout le monde préférerait être au premier rang. Gérard se faufile pour s'installer dans un canapé peu prisé parce que c'est dur d'en sortir, et fauche trois briquettes de jus de fruits sur le chariot du goûter, avant de se faire dénoncer.

Mme Simonetti chante une chanson pour ouvrir le bal, puis une autre et une autre encore et obtient son petit lot d'applaudissements. « Ça valait le coup de venir, Yvette ? » Elle confirme. Ensuite, nous attaquons le répertoire classique, Marianne et moi, qu'un bon nombre reprennent en chœur. Une dame centenaire, avec qui j'aime bien plaisanter à l'occasion, me dédicace une chanson d'amour ; ce serait autorisé, je l'embrasserais. Bref, un très bon moment que Marianne aimerait pérenniser. La directrice l'a nommée référente sociale et elle est bien motivée pour secouer la torpeur et la morosité ambiantes, en s'appuyant sur les quelques personnes qui ne vont pas voir cela uniquement comme une charge de travail supplémentaire.

Pour la deuxième édition, quinze jours plus tard, Marianne a ramené sa tablette, une enceinte portable et imprimé les paroles d'une vingtaine de chansons. Cette fois, le recrutement ne pose aucun problème, le bruit a couru que c'était drôlement bien. Quoi exactement, peu se souviennent des détails, mais c'était drôlement bien. Cette fois, Yvette a de la concurrence. Une autre Yvette lui vole la vedette en chantant « Le temps des cerises » ; les autres reprennent en fredonnant pour ne pas couvrir sa voix haut perchée. Un monsieur lance « Le petit vin blanc » et confirme ce que nous savons : c'est encore et toujours le n° 1 au hit-parade des maisons de retraite. Nous passons ensuite à la phase sonorisée de la fête avec quelques incontournables : Edith Piaf, Yves Montand, Dalida, Joe Dassin et j'en passe. Nous dansons la valse avec l'un, l'une ou l'autre, en tournoyant quand c'est possible, sur place quand la crainte de la chute est plus forte que l'envie de danser. Suzanne se lève toute seule et amorce un twist, avec ce qui lui reste de hanche et de genoux. « Tu m'aurais vue quand j'étais jeune ! Ah ! si j'avais quatre ou cinq ans de moins ! » Elle en a quatre-vingt-dix-sept. La musique fait remonter les souvenirs d'une époque où l'on savait s'amuser, ça se voit sur certains visages. Mais il est déjà 16 h 30, l'heure de remonter dans les étages pour les changes, avant de redescendre deux heures plus tard pour le dîner. Toute la soirée, l'autre Yvette saoule son monde avec son petit vin blanc, jusqu'à ce que ses voisines de table, excédées, la somment de la boucler.

L'édition suivante est en demi-teinte. Moins d'énergie de notre part sans doute, un manque évident d'organisation, un peu de lassitude chez les résident·es peut-être. Comme souvent, un tiers prend du plaisir, un tiers s'emmerde, un tiers pique du nez et je sens qu'en moi, c'est le même ratio. Pour anticiper cette heure et demie non prévue au planning, je suis obligé de turbiner en début d'après-midi et de m'y recoller de plus belle après. Les soirs de dimanche travaillé, je suis sur les rotules. Suivant les équipes, les AS aident de bon cœur ou traînent les pieds. Chaque fois, il faut réclamer, interrompre une autre activité ou s'entendre répondre : « Je suis en pause, demande à Machine. » Globalement, ce n'est pas pris très au sérieux, on a l'impression que c'est une lubie de notre part. Comme les sorties au jardin.

La fois d'après, la sauce prend comme jamais. Deux AS débordantes d'énergie nous ont rejoints, d'autres résident·es également. Une qui nous interprête d'une très belle voix une chanson en italien puis une autre en espagnol, et un que l'on n'aurait jamais imaginé voir ici : Bernard, que Marianne est allée débusquer au fond de sa tanière et de sa déprime. Une belle prouesse de diplomatie !

La partie vin blanc, cerises, Saint-Jean et compagnie est vite expédiée, car nous sentons une forte envie de danser. Marianne envoie le son et le salon du deuxième se transforme en dancing, comme à la grande époque du Ramier, où Mme Cadène a usé tant de semelles, samedi après samedi.

Marianne demande à Bernard quel morceau lui ferait plaisir. « Oh ! ma jolie Sarah » de Johnny, répond celui-ci, et le voilà qui accepte l'invitation et se lève. Je n'en reviens pas de voir ce gros ours danser le rock, un demi-sourire sur le visage, lui qui passe ses journées assis dans la pénombre. Il se fait ovationner, Mme Schaeffer qui aime bien chahuter se met à gueuler, je la traite de hooligan et j'en profite pour siffler. Ambiance stade de foot à l'EHPAD !

Avant que ça ne retombe, je crie : « Vas-y DJ Marianne, balance de la techno ! » Celle-ci tape « techno » sur YouTube et envoie le premier morceau venu : « Techno toujours pareil ». Je monte le volume à fond, « boum boum dans les oreilles », des AS rappliquent, des résidentes réclament de l'aide pour être de la partie, certaines s'amusent comme des gamines, d'autres, horrifié·es, se plaquent les mains sur les oreilles. Pour finir, je lance « À trois, tout le monde crie ! Un, deux, trois ! » et chacun·e lâche son cri, puis quand je relance le décompte, tout le monde se met à gueuler à l'unisson sans plus aucune retenue, résident·es et personnel confondus, et Mme Schaeffer plus fort que tout le monde ! Ça fait tellement de bien de se défouler ! Le soir, en rentrant à vélo, bien rétamé, j'ai la banane en repensant à cette folle après-midi.

Peu à peu, cette petite fête bimensuelle s'institutionnalise. La directrice qui en a eu des échos est ravie, des photos sont affichées dans le hall, qui seront peut-être utilisées pour la com, des familles nous demandent s'il y aura goûter ce dimanche. On compte dessus, on compte sur nous, mais malheureusement, nous ne pouvons pas compter sur du renfort pour nous alléger de nos tâches habituelles. C'est à la bonne volonté, la fatigue, l'usure, le ras le bol, d'un côté de la balance et de l'autre, le plaisir des résident·es et la satisfaction d'offrir un moment de joie partagée.

« ALLEZ-Y, FAITES-MOI RIRE ! »

En entrant dans la chambre de M. Lacaze, je tombe sur sa fille.

— Je repasse si vous voulez, je lui dis.

— Non non, restez ! Je viens de le coucher, il était fatigué.

Je l'ai déjà croisée à plusieurs reprises, elle aime bien qu'on lui parle de son père, elle a besoin d'être rassurée. Mais aujourd'hui – que s'est-il passé avant que j'arrive ? –, elle vide son sac : « Il a toujours été violent. Ma mère ne se laissait pas faire, mais nous, on a été élevés à la fessée, à la claque et à la beigne ! » Les larmes pointent, elle n'en peut plus. Elle était seule pour s'occuper de lui quand il habitait encore à la campagne, à une heure de voiture de chez elle. « Chaque fois, c'était un calvaire ! » Son placement en EHPAD a été un soulagement, mais depuis elle culpabilise. « Et maintenant, c'est mon homme qui est en train de flancher ! Je n'ai rien vu venir, j'étais trop occupée avec mon père. » Elle pleure pour de bon, elle avoue qu'elle a la hantise de finir dans ce genre d'endroit. « Je ne sais pas comment vous faites ! » Pour tenter de lui remonter le moral, je lui dis que parfois, il y a aussi des situations drôles. « Ah bon ? » fait-elle, dubitative. « Eh bien, allez-y, faites-moi rire ! »

Je pose le vapo et la lavette et lui raconte : une semaine plus tôt, de sa voix habituée à se faire obéir, son père interpelle Léo, un aide-soignant : « Jeune homme, s'il vous plaît ! » Celui-ci s'approche : « Débouchez-moi l'anus, je vous prie ! » Forcément, Léo s'empresse de nous raconter ça. Plus tard dans la soirée, M. Lacaze l'appelle à nouveau : « Alors, quand est-ce que vous vous occupez de mon évier ? » Sa fille rit pour de bon et s'exclame, les yeux encore pleins de larmes : « Cette cochonnerie d'évier était tout le temps bouché ! » Elle repart un peu moins déprimée, ça fait plaisir.

Au fil du temps, nous connaissons les proches de nos résident·es. Suzanne, par exemple, ne manque pas de nous présenter sa petite-fille chaque fois que celle-ci vient la voir.

— C'est ma fille ! me dit-elle fièrement.

— Petite-fille ! corrige celle-ci. Tu sais, Mamie, depuis le temps, il me connaît !

— Elle est belle, hein ? poursuit Suzanne.

La jeune femme lève les yeux et soupire.

La fille d'Yvette Simonetti, elle, est déjà âgée : les enfants des nonagénaires et des centenaires ont souvent plus de soixante-dix ans. Elle est plutôt sympa, mais aujourd'hui, elle est mécontente. « Venez voir la salle de bain », me demande-t-elle. Et elle me montre la tablette au-dessus du lavabo, complètement encombrée de flacons, pots de crème et tubes non rebouchés. « Regardez-moi ça ! » Et elle me pointe le verre à dents, crasseux et moucheté de dentifrice. Je comprends son énervement et lui dis qu'elle a raison. Je prends ma part de reproches, c'est vrai que souvent, je n'ai ni le temps ni le courage de tout enlever pour bien nettoyer la tablette et ranger correctement.

Le lendemain, Carine, ma collègue ASH, tire la tête.

— Qu'est-ce qu'il y a ?
— Je suis dégoûtée ! Je rentre de congés, les chambres sont dégueulasses et c'est sur moi que ça retombe !

La fille d'Yvette s'est plainte à la directrice et comme Carine est référente pour cette chambre, c'est elle qui prend le savon. C'est le cas de le dire : depuis, la salle de bain d'Yvette est rutilante ! Et Mme Simonetti-fille à nouveau cordiale.

Les relations ne sont pas toujours aussi franches. Le manque de confiance se fait sentir chez certaines personnes, qui n'hésitent pas à contester les consignes qui nous sont données en matière de soins ou d'alimentation, ou qui remettent en cause notre travail ou notre bonne foi. Lorsqu'une dame me réclame de quoi nettoyer la chambre de ses parents, plutôt que de me demander directement de remédier au problème, j'imagine bien ce qu'elle doit penser de nous, d'une manière générale.

Parfois, nous sommes vraiment en faute, et là, il n'y a rien à dire. Le monsieur qui trouve sa maman devant la table du goûter, le verre renversé, des miettes plein le tricot, affalée dans son fauteuil et souillée, toute seule depuis combien de temps déjà ? Il y aurait de quoi filer au bureau faire un scandale. Mais non, il vient simplement nous trouver à l'office et demande poliment qu'on la change. Ce qui est fait immédiatement, bien entendu. Comment se sent-il, ce monsieur, après avoir vu ça ? Nous n'en saurons rien. Et sa maman ? Encore moins. La faute à qui ? Aux AS, à moi, à nous toutes et tous qui nous habituons à cet abandon, faute de pouvoir nous occuper de nos résident·es comme nous le devrions.

« LES ALLEMANDS ! »

— Ça s'est bien passé, ce matin ? je demande à Rémi, que je croise au vestiaire.

Il est 13 h 25, il était du matin et moi je suis de l'après-midi.

— Ça va ! Suzanne est agitée, le toubib lui a baissé le Seresta[1].

Suzanne agitée… Je sais à quoi m'attendre.

À l'office, je retrouve l'équipe du matin, qui prend sa pause, ainsi que la relève : Ophélie et… et puis c'est tout ! Son binôme est en arrêt maladie, la direction est injoignable pour le moment, quant aux aides-soignantes du matin, inutile de demander si l'une d'elles est prête à rester. À l'idée de devoir se taper tous les changes et les couchers seule, Ophélie est démoralisée. Pour corser le tout, l'ascenseur principal est encore hors service. Ainsi, depuis deux mois, nous nous épuisons à parcourir sans cesse cet interminable couloir et à franchir cette foutue porte

---

1. Le Seresta est un anxiolytique.

coupe-feu en la poussant avec le cul pour pouvoir passer en marche arrière avec un fauteuil roulant ou un chariot, pour accéder au deuxième ascenseur. Voilà le topo du jour. Inutile d'épiloguer, j'attaque.

Je termine à peine ma deuxième chambre que ça commence déjà à chauffer dans le couloir : « Allez-vous-en ! » crie Mme Simonetti, hors d'elle. Pourtant, Suzanne est calme, elle est gentiment assise sur une chaise près d'elle et lui fait la conversation. Pour avoir expérimenté le pouvoir d'usure des monologues de Suzanne, je prends pitié de Mme Simonetti et accompagne notre causeuse professionnelle dans un coin du salon où ça ne devrait pas trop broncher. En chemin, je croise Ophélie qui a retrouvé le sourire : on lui a envoyé une intérimaire. Ce n'est pas l'idéal, mais c'est tellement mieux que rien. Où en étais-je ? Ah oui, chambre 311.

Nouveaux cris dans le couloir : Suzanne fait encore des siennes. Cette fois, c'est Mady qui craque. Elle qui, bien souvent, raconte n'importe quoi, lui crie : « Taisez-vous, vous racontez n'importe quoi ! » Parfois, ce duo fonctionne bien, mais pas aujourd'hui visiblement. J'installe Suzanne sur un fauteuil face à l'ascenseur, en me disant qu'au moins, elle ne risque pas de le prendre et se perdre aux autres étages, vu qu'il est en panne. Mais Suzanne se lève et tape dans la porte avec son déambulateur en répétant : « Allez, ouvre-moi ! » Ophélie et l'intérimaire arrivent avec le goûter, on devrait avoir un bon quart d'heure tranquille devant nous.

Hélas, alors que je sors d'une chambre, je tombe pile sur Suzanne qui me lance : « Ah, te voilà ! » Et c'est parti ! Si je la plante, ça va être l'angoisse totale ; le problème, c'est que je n'ai plus le temps ni le courage de la gérer. Soudain, une échappatoire providentielle :

— Oh, regardez qui voilà !

Regard affolé de Suzanne :

— Les Allemands !

— Mais non, maman, c'est moi ! s'exclame sa fille, qui vient lui rendre visite.

Je file, le sourire aux lèvres, et laisse Suzanne aux bons soins de sa fille.

— Ah, Denis, vous avez terminé ? me lance Mme Simonetti au passage.

— Pas vraiment... Vous avez eu le goûter ?

Nous papotons un peu, puis elle embraye sur l'intérimaire :

— Comment s'appelle-t-elle, déjà ?

— Khadija.

— C'est un prénom indigène ? me demande-t-elle.

J'éclate de rire.

— Yvette ! C'est fini le temps des colonies !

— Oui oui, bien sûr... C'est elle qui va me coucher ?

Pour Mme Simonetti, peu importe l'origine, la couleur de peau, la religion et tout le reste, il y a les aides-soignantes qui satisfont ses demandes, voire ses caprices, et il y a les autres. Ce qui ne l'empêche pas d'être curieuse.

En fin de service, je demande à Ophélie comment ça s'est passé avec Khadija. «Ça va, elle s'en est pas mal tirée! Par contre, Suzanne m'a tuée!»

Alors, qu'est-ce qu'on fait? On augmente le Seresta de Suzanne pour avoir la paix? Ou on augmente les effectifs pour pouvoir rester à l'écoute, gérer les angoisses et accompagner correctement nos résident·es? Ne rêvons pas, nous sommes plutôt mieux dotés en personnel que d'autres établissements, paraît-il. Si déjà on pouvait nous réparer l'ascenseur…

« ON VA NOUS PRENDRE POUR DES GITANS ! »

À l'EHPAD, il n'y a pas que des vieilles personnes isolées. Actuellement, cinq couples vivent dans notre établissement. Les circonstances qui les ont menés ici sont différentes, les niveaux de dépendance également. Pour M. Marty, c'est la chute de Madame avec fracture du col du fémur qui a précipité l'entrée en EHPAD. Il est parfaitement valide et lucide, on le trouve généralement devant son ordinateur ou bien dans son fauteuil, plongé dans un pavé sur la guerre d'Espagne. On se demande ce qu'il fiche ici. Il n'imaginait pas laisser son épouse seule, tout simplement. À un autre étage, Monsieur a toute sa tête mais plus les jambes, tandis que pour Madame, c'est l'inverse. Mais nous en avons aussi dont l'alzheimer est tellement avancé qu'ils ne se reconnaissent plus l'un l'autre. Ceux-là vivent dans des chambres séparées.

Mme Lopez aussi est arrivée ici avec son mari, mais celui-ci est décédé six mois après leur entrée.

Elle évoque souvent *el marido* en secouant la tête, accablée, puis elle lâche des imprécations contre ma collègue Carine qu'elle adore détester, ou contre telle ou telle résidente qui ouvre les portes et s'introduit dans les chambres. (Comme elle, soit dit en passant, sauf que Mme Lopez est plus discrète et attend l'heure du repas pour faire ses petites sournoiseries.) La décision d'entrer en maison de retraite, c'était son mari, ce qui la condamne aujourd'hui à y demeurer puisqu'aucune de ses trois filles ne peut ou ne veut la reprendre.

Mon couple préféré loge au bout du couloir. Solange et Louis passent une grande partie de la journée à se chamailler. Solange a une expression inquiète sur le visage et parle d'un ton plaintif. Elle est sans arrêt sur le dos de son mari. Louis, quant à lui, marmonne avec un fort accent espagnol et, régulièrement, il lui dit qu'elle l'emmerde et qu'il va se casser d'ici.

Lorsque je viens les chercher pour le dîner, Solange commence par gémir : elle a mal au ventre, elle est fatiguée, elle n'a pas faim. Puis elle cède et, pour se motiver, elle se met à harceler son mari. Louis bougonne, parvient à se lever à la troisième tentative en lâchant « Eh bé putain ! » puis il avance vers la porte en se tenant au mur. « Prends la machine, Louis, tu vas tomber ! » s'écrie Solange catastrophée. Et elle me redit qu'il est déjà passé deux fois sur le billard, pendant six heures, pour son dos. « Jamais deux sans trois ! » lâche Louis qui continue à ignorer le déambulateur. Solange se lève, du premier coup, le rejoint et ne cesse de le houspiller. « Rentre ta chemise, Louis, on va nous prendre pour des Gitans ! » Celui-ci dit qu'il s'en fout, qu'il les emmerde. « Ne sois pas grossier ! » le reprend Solange. « Allez, avance, ne fais pas attendre le monsieur ! » Il y a généralement une trêve dans l'ascenseur et le temps de traverser la salle à manger, puis la dispute reprend à table.

Un soir, ils passent le repas à se chamailler au sujet d'une réunion.

— N'y va pas, le supplie Solange. Tu n'es pas en état !

— Je m'en fous, j'y vais à cette réunion !

Solange a les larmes aux yeux, elle me conjure de lui faire entendre raison. Mais Louis a la tête sacrément dure, il n'en démord pas et l'envoie balader. Et le fait qu'il n'y ait jamais eu de réunion ne change rien au problème. Un autre soir, Solange fait un esclandre et traite sa voisine de table de salope. Celle-ci, visiblement, aurait dragué son mari qui lui aurait souri en retour. Depuis, ils mangent de leur côté, à une table séparée, ce qui leur permet de poursuivre leur éternelle dispute en toute intimité.

« JE NE VOIS PAS CE QUE J'AI BIEN PU FAIRE DE MAL »

Qui a crevé l'œil de l'écureuil ? C'est ce que je me demande en montant dans l'ascenseur. Le décor d'automne a succédé à celui de l'été : sur un joli fond orangé, des photos illustrent cette nouvelle saison dont la plupart ne verront pas la couleur : une feuille d'érable, une corbeille de fruits (raisin, pommes, poires), un escalier couvert de feuilles ocres et pourpres et un mignon petit écureuil roux dont quelqu'un a gratté l'œil gauche avec un objet pointu. Au centre du panneau est affiché le planning hebdomadaire des animations. Lundi 19, l'animateur est en congé, c'est écrit. La même personne (ou une autre, allez savoir) a rajouté au stylo : « Encore ! » Luc, l'animateur, goûte moyennement la plaisanterie, mais moi, ces petites incivilités me donnent le sourire.

L'autre soir, une dame m'interpelle : « Jeune homme, pouvez-vous me dire pourquoi je suis ici ? J'ai beau chercher, je ne vois pas ce que j'ai bien pu faire de mal ! » Comment ne pas manifester sa désapprobation face à l'horrible tour qu'on leur a joué ? Beaucoup veulent se tirer d'ici, Mme Lopez la première, elle nous le répète tous les jours. L'une me demande de la mener à l'arrêt d'autocar pour qu'elle rentre chez elle ; un autre m'annonce : « Moi, dès que je peux, pfuit ! » en joignant le geste à la parole. Mais on ne sort pas facilement de cette maison : toutes les portes sont munies d'un code qu'il nous est interdit de divulguer, évidemment.

Chaque jour, des résident·es résistent aux contraintes qui leur sont imposées en criant, en tapant, en insultant, en se débattant, en refusant de prendre les médicaments, de manger ou de boire, en menaçant de se laisser tomber du lit, en arrachant la couche, en la déchiquetant, etc. Parfois, cela se manifeste par de petits actes silencieux. L'autre soir, c'est la toute tranquille Mme Canouet qui fait des siennes : une table après l'autre, elle tire la nappe et la fait glisser à terre. Ophélie va la voir :

— Ben alors, qu'est-ce que vous faites, madame Canouet ?

— Je défais ! répond celle-ci de sa petite voix qui glougloute.

En poursuivant son chemin, elle heurte volontairement le fauteuil de M. Amiel avec son déambulateur, qui démarre au quart de tour et proteste bruyamment. Bref, mine de rien, elle nous fout un joli petit bordel !

Suzanne, elle, emploie les grands moyens : elle attache les deux battants de sa porte de chambre avec un sac poubelle, puis elle la bloque avec la chaise et le repose-pieds. Et comme elle a appuyé sur le bouton jaune (renfort demandé), un puissant bip se déclenche et résonne dans tout le couloir. Après avoir longuement parlementé à travers la porte, elle finit par accepter de lever sa barricade. La raison de cette rébellion se perd une fois la porte ouverte, car il s'agit maintenant de retrouver son fric. Elle l'avait planqué dans sa bouillotte mais, vérification faite, celle-ci ne contient que du liquide bien liquide.

Parfois, c'est la crise de nerfs générale, plus personne ne supporte personne et ça se finit dans les cris et les larmes. Dans ces moments de désespoir, il faudrait avoir le temps et l'énergie d'écouter et de réconforter, mais ce temps-là, hélas, nous ne l'avons pas. Ou alors nous ne le prenons pas, ou trop rarement.

Et que dire de ces résident·es qui errent sans fin ? Au deuxième étage, Lisette traîne ses pantoufles dans les couloirs et ouvre les portes les unes après les autres, dans la quête inlassable d'une issue. Lui faire renoncer à entrer dans la chambre que je suis en train de nettoyer est un sacré exercice de patience. Elle finit par laisser tomber et lâche « Je vais mourir ! », mais sans dramatiser, comme si elle annonçait « Il va pleuvoir », puis elle repart en traînant ses pantoufles, *chreuh chreuh,* essayer la porte suivante, des fois que… Et Jeannot qui passe sa vie dans son fauteuil roulant, raide comme un mannequin ? On le croirait bien inoffensif, mais dès qu'il s'agit de lui changer la protection ou de le mettre au lit, il cherche à taper ou à agripper de toutes ses forces le bras qui l'approche. Est-ce de la résistance ? De la résistance à quoi ? C'est surtout la vie, têtue, qui se manifeste et met à l'épreuve notre capacité à nous adapter.

Mais pour la plupart, c'est la résignation qui prévaut. Combien de fois par jour entendons-nous : « Qu'est-ce que vous voulez, c'est comme ça ! » Beaucoup ont connu une éducation à la dure ou ont vécu des temps difficiles. On se plie à l'autorité, un point c'est tout. Souvent, pour ne pas nous embêter ou nous compliquer la vie, on renonce à une demande qui nous enverrait à l'autre bout du couloir. Ce qui n'empêche pas de râler ou de critiquer, une fois que nous avons le dos tourné.

Dans le personnel aussi ça râle plus que ça ne résiste, face au rythme imposé, à la surcharge de travail due aux absences non remplacées, au manque de moyens et toute la liste des griefs habituels. Comment faire pour se préserver sans que le travail ne s'en ressente et que les résident·es, au bout du compte, n'en pâtissent ? Comment donner du sens quand la course à la montre nous le fait perdre ?

Pour moi, ce sont les sorties au jardin. Faire prendre l'air à des personnes qui passent leurs vies cloîtrées, combattre cet enfermement de fait, voilà le rôle que je me suis donné et ma réponse à la question que nous nous posons toutes et tous, à un moment ou un autre : « Qu'est-ce que je fous ici ? » Cette tâche, qui ne figure sur aucune des fiches de poste établies par le CCAS, je peux l'accomplir grâce à Carine, ma collègue du matin qui abat largement plus que sa part de boulot, et à la directrice qui soutient mon initiative. Changez un de ces deux paramètres et c'en est fini des sorties. Il n'empêche que j'ai souvent mauvaise conscience de ne pas nettoyer le couloir ou faire le ménage approfondi d'une chambre, comme je serais censé le faire à ces moments-là. « Ne négligez pas votre travail pour autant », m'a gentiment mis en garde la directrice. Ce qui me donne l'impression de devoir arbitrer entre boulot et « loisir ».

Mais passer du temps avec les résident·es dans le parc, ce n'est pas uniquement être assis sur une chaise en plastique au soleil. Ce sont des allers-retours pour aller chercher les affaires nécessaires dans les chambres, pour amener l'un après l'autre les élu·es devant l'ascenseur, pour les installer l'une après l'autre dans le jardin en disant : « Je reviens ! » puis, quinze, vingt, trente minutes plus tard, idem, l'un après l'autre, en sens inverse. Et rebelote si les conditions le permettent. La moitié du temps s'éparpille dans les couloirs et dans l'ascenseur et, au bout du compte, une poignée de résident·es en profitent.

Mais il reste la satisfaction d'avoir ouvert une petite brèche pour regarder l'arbre de Judée jaunir et se déplumer, déposer un marron dans le creux de d'une main ou simplement rouler avec le fauteuil dans les feuilles mortes pour les entendre crisser. Et profiter du ciel pour de vrai, un ciel strié de traînées d'avions, où l'on guette le rayon de soleil ou le nuage menaçant qui annonce la fin de la récré, pas un ciel azur et muet sur le panneau d'affichage d'un ascenseur.

Pourquoi si peu de résident·es profitent de ces menus plaisirs à portée de main et gratuits ? Manque de personnel et de bonne volonté, certes, mais aussi parce que dans le monde étriqué et médicalisé de l'EHPAD, respirer l'air du dehors, sentir le soleil sur son visage ou le vent dans ses cheveux n'a pas la même valeur qu'une animation, à but ludique ou thérapeutique.

« J'AI TOUJOURS EU DE BEAUX CHEVEUX ! »

Mon petit plaisir du lundi et du jeudi, c'est le nettoyage du salon de coiffure. Il est situé au troisième, mon étage habituel, entre la chambre de Mme Testud et le salon télé. Nadine, la coiffeuse attitrée, y officie tous les dimanches et mercredis après-midi. C'est une personne très appréciée, on vient de loin pour lui confier sa chevelure : du deuxième étage, du premier et même du rez-de-chaussée. Je ne serais pas étonné qu'elle ait plus de fidèles que le prêtre qui vient dire la messe une fois par mois.

La pièce a la taille d'une chambre double, avec une fenêtre qui donne sur le magnolia du parc. Le mobilier a son charme : deux fauteuils en skaï marron pénibles à déplacer, face à un comptoir en formica vert d'eau surmonté d'un grand miroir ; un fauteuil noir inclinable pour le bac shampooing et un casque de séchage monté sur un pied branlant. Le reste du matériel, Nadine le transporte dans sa mallette. Le sol est revêtu d'un lino usé et taché qui ne donne pas envie de s'échiner à l'astiquer. Il y a aussi une table de massage qu'utilise la kiné, sur laquelle il m'est arrivé de faire de courtes siestes. La salle d'attente est dans le couloir : trois fauteuils adossés au mur. C'est peu compte tenu de l'affluence, mais une bonne partie de la clientèle vient avec son fauteuil personnel.

Aujourd'hui, Mme Simonetti décline ma proposition de faire un petit tour dans le jardin : elle est inscrite pour 16 heures. J'insiste :

— Juste dix minutes, Yvette, ça vous ferait du bien.

— Non non, je ne veux pas être en retard !

Elle ne le sera pas, il est à peine 14 heures. Mais l'attente participe au plaisir. Celle-là, tout du moins : pour l'attente biquotidienne devant l'ascenseur, avant les repas, c'est moins évident. Cela permet aussi à Yvette de voir du monde, puisque son fauteuil à elle est situé tout près du salon.

Autre plaisir : la sortie.

— Ça vous va bien cette coupe, Suzanne !

— J'ai toujours eu de beaux cheveux ! me répond celle-ci.

Ils sont clairsemés, certes, mais très bien mis en valeur. Ce qui est certain, c'est qu'elle a gardé les mêmes yeux, d'un bleu intense relevé de petites touches ocres, magnifiques. Suzanne, c'est un poème et ses yeux un tableau.

Ainsi, ces vieilles dames se délectent des petits compliments qui leur sont adressés le restant de la journée et parfois les jours suivants. « Mais qu'elle est belle ! » s'exclame mon collègue Arnaud, très théâtral, lorsque Mme Hamon fait son entrée dans la salle à manger. Celle-ci rosit de plaisir sous son carré aux reflets bleutés. J'en profite pour féliciter une dame centenaire qui apporte beaucoup de soin aux détails de sa tenue. « Madame Bacquié, vous êtes très élégante ! » En appui sur sa canne, elle me gratifie d'une petite révérence et me répond, avec un air très sérieux et un bel accent ariégeois : « Et encorrre, vous n'avez rrrien vu ! »

Au quotidien, ce sont les aides-soignantes qui œuvrent à la beauté des résident·es : ce sont elles qui coiffent et rasent, vernissent les ongles, épilent et maquillent. Et il n'est pas rare que l'une ou l'autre apporte son propre vernis ou sa trousse de maquillage de meilleure qualité.

Compte tenu du peu de poils qu'il lui reste sur le caillou, M. Marty estime qu'il est inutile de passer chez la coiffeuse. Il me demande de lui raser le crâne avec sa tondeuse personnelle, ce dont je m'acquitte très consciencieusement. Pour cette peine bien légère, il tient absolument à me rétribuer, et je dois m'enfuir pour qu'il ne me glisse pas un billet de dix euros dans la poche. Comme les nouvelles vont vite, je ne tarde pas à avoir un nouveau client,

M. Khimoune qui, lui, n'aurait jamais songé confier sa tête à une femme. Cette fois, j'officie avec la tondeuse de la maison, chaussée d'un sabot de trois millimètres. Cela me prend une dizaine de minutes tant sa tignasse est drue. « Ça va ! » me fait-il, sans prendre la peine de se regarder dans le miroir. Il se contente de se passer la main sur le crâne. Puis il me demande : « Cigarette ? » et comme je lui réponds que je ne fume pas, il retourne s'allonger. Il n'est pas facile de communiquer avec ce monsieur et cette tonte aura été notre moment d'échange le plus intense.

Je commence à y prendre goût, et maintenant que j'ai la tondeuse bien en main, je n'ai pas envie de la lâcher. À qui pourrais-je proposer mes services à présent ? M. Nadal ! Je file dans sa chambre lui demander. « Tu veux que je te coupe les cheveux, Alberto ? » Il ne parle plus, mais il me fait de grands oui de la tête et des yeux, tout en balançant furieusement les jambes. Je m'en doutais : il dit oui à tout ! Je découvre un autre type de calvitie : il lui reste une micro-mèche sur le devant, que je préserve, tandis que la couronne sur la nuque est bien fournie. Ses cheveux sont encore plus fins que ceux de M. Marty. Il a la peau du crâne toute sèche, par endroits ça forme des plaques blanches. J'hésite quand même à lui appliquer la crème réparatrice pour pieds desséchés que je trouve sur la tablette de la salle de bain.

Finalement, il est très satisfait, moi aussi, et lorsque Aminata lui caresse le crâne en le félicitant pour sa coupe, nous exultons tous les deux.

Un mercredi, alors que le compte à rebours du repas du soir ne va pas tarder à s'enclencher, la porte du salon de coiffure est encore ouverte. Je passe dire bonjour à Nadine qui, à l'occasion, me coupe vite fait les cheveux à la fin de son service. Mme Cadène a le casque de séchage bien enfoncé sur la tête. Il y a aussi Malika, une aide-soignante. Nadine est en train de raconter que des copains de son fils, âgés d'une vingtaine d'années, sortent avec des femmes de plus de quarante ans. Malika commence par trouver ça glauque et quand Nadine lui demande si elle, elle, sortirait avec un homme de plus de cinquante, elle esquive :

— Je suis mariée !
— C'est pas la question !

Malika semble se la poser vraiment, on n'entend plus que le léger ronron du casque. Mme Cadène ne dit rien, mais je sens qu'elle brûle de connaître la réponse.

— Il faudrait vraiment qu'il soit beau et qu'il ait du fric ! finit par lâcher Malika.

— Vous en pensez quoi, vous, Mme Cadène ? je lui demande.

— Oh, vous savez, j'étais enceinte à seize ans, deux mois après avoir rencontré mon futur mari. Alors à mon âge, les conventions...

Et nous continuons ainsi, bien installés dans nos fauteuils, à discuter différence d'âge dans le couple, cougars et adultère, jusqu'à ce que Malika se lève en soupirant : « Bon allez, faut que j'y aille ! » C'est aussi le moment pour Nadine de libérer Mme Cadène de son casque et de lui retirer ses bigoudis, et pour moi de descendre au rez-de-chaussée chercher le chariot chauffant et préparer mes huit plateaux repas du soir. Demain, dans l'après-midi, je passerai donner un coup de lavette et de serpillière pour redonner un peu d'éclat à ce salon, et vider une poubelle pleine de nuances de blanc et de gris.

« SORTEZ-MOI CET ÉNERGUMÈNE ! »

Cet après-midi, nous avons la première réunion du « pôle social et animation » que la direction est en train de mettre en place. Il s'agit d'inclure dans les plannings des sorties hors les murs, simples promenades en ville ou visites de musées, des repas dans le jardin, des temps de jeux. C'est une excellente nouvelle et je suis ravi de faire partie de cette équipe, dont Marianne est la référente. « L'idée, c'est de privilégier les personnes qui ont, disons, une vie sociale un peu terne », précise Luc, l'animateur. L'euphémisme fait sourire. La liste des personnes prioritaires est dressée : ça se bouscule au portillon. Mais un portillon, ce n'est pas évident à franchir pour de vieilles personnes dépendantes…

Pour les sorties, le CCAS dispose de deux minibus, un douze places et un six places, à se partager entre les EHPAD, résidences autonomie et centres d'hébergement temporaire de l'agglomération. Dix-sept établissements au total. C'est maigre, mais on devrait arriver à réserver un véhicule une fois par mois. Dans le six places, on case trois personnes en fauteuil et trois accompagnants. Temps de « chargement-déchargement » : une bonne demi-heure. Le douze places, quant à lui, est réservé aux personnes complètement autonomes, on ne peut même pas y caser un déambulateur. Ça limite. Des sorties « à pied » sont planifiées – Jardin des plantes, musée –, mais pour un nombre restreint de personnes, toutes en fauteuil, sinon on risque bien de ne pas dépasser l'enceinte du parc.

Ce qui limite aussi, c'est le budget de ce tout nouveau pôle social et animation : zéro ! Toutes les idées sont bonnes à prendre, pourvu que ce soit gratuit. Je suggère une tombola ou un concert pour récolter un peu de sous et élargir le champ des possibles, mais c'est exclu : nous n'avons pas le droit de gérer de l'argent en dehors des lignes budgétaires prévues. Et faire plaisir aux résident·es, ça n'entre pas dans le budget du CCAS, visiblement.

Peu importe, ça va dans le bon sens, et c'est plein d'enthousiasme que je toque à la porte de M. Lacaze pour nettoyer sa chambre. Sauf que celui-ci ne l'entend pas ainsi : « J'ai un contrat de nettoyage avec une société ! » m'affirme-t-il, et sans ce contrat, il n'est pas question que j'entre. Pas de souci, je vais à l'office et décroche du tableau la note de la directrice concernant la vaccination contre la grippe, qui date de deux mois. M. Lacaze examine attentivement le contrat, je lui pointe le logo du CCAS et la signature de la directrice.

— Très bien ! s'exclame-t-il d'une voix forte, habituée à diriger. Je vais l'envoyer à ma fille et nous vous recontacterons !

— En attendant, je lui crie à l'oreille, je vais faire votre chambre.

— Allez-y ! me fait-il, en m'ouvrant le passage.

Pendant que je dépoussière, il me parle de ses studios, et je comprends que dans sa tête, il est le gérant de cet établissement. Pour l'estime de soi, c'est mieux que résident d'EHPAD. Il a aussi trouvé un moyen simple de pallier le sentiment de solitude : n'importe quelle dame de l'étage est susceptible de devenir sa femme. Au dîner, avec son verre de vin (très médiocre, j'ai goûté) et son « épouse » face à lui, il a l'air pleinement satisfait.

Sentiment qui n'est pas partagé par toutes les résidentes : « Sortez-moi cet énergumène de ma chambre ! », vocifère Mme Cadène, hors d'elle. Et elle me désigne le petit père Lacaze, placidement avachi dans son fauteuil, au milieu de la chambre « conjugale ». « Je fais un brin de toilette, je me retourne, et sur quoi je tombe ? Sur ce… » Les mots lui manquent tant elle est indignée par cette intrusion. Je sors M. Lacaze et l'exile suffisamment loin dans le couloir pour qu'il ne revienne pas de sitôt. « Et maintenant, c'est mon canard qui a disparu ! » continue de rouspéter Mme Cadène. « Regardez sous le lit, des fois qu'il soit tombé. » Mais sous le lit, pas de canard. Je finis par trouver dans le placard de l'office son verre bleu avec un bec. Mais c'est trop pour la même journée, la colère de Mme Cadène ne retombe pas. Il n'y a rien à dire, je ne dis rien. Ce qu'elle me reproche également : « Vous avez l'air de vous en ficher ! » Elle n'a pas complètement tort.

M. Lacaze, lui, s'est vite remis de l'incident : il n'a pas tardé pas à se trouver une nouvelle épouse. Là où je rejoins Mme Cadène, c'est qu'il serait bon de le sortir. La prochaine fois que je croiserai Marianne ou Luc, je leur suggérerai de l'inscrire sur la liste des personnes prioritaires pour la prochaine virée.

« LES PIGEONS,
ILS VALENT MIEUX QUE VOUS ! »

Quand je prends mon poste à 13 h 30, ce jour-là, je trouve Mme Simonetti entourée de six aides-soignantes vautrées dans des fauteuils. « Ah ! Denis, vous voilà ! Elles m'obligent à chanter alors que j'ai mal à la gorge ! »

« Yvette ! Yvette ! » scandent les aides-soignantes, et je me joins à elles : « Yvette ! Yvette ! » Celle-ci fait semblant d'être contrariée, mais elle est ravie et ne tarde pas à entonner d'une voix enrouée « Ô Corse, île d'amour » de son cher Tino Rossi. Nous l'ovationnons, elle remercie modestement et m'envoie lui chercher deux pastilles à l'eucalyptus dans son tiroir.

Chez M. Puech, ça fait un bruit de vieille chaudière : il ronfle, allongé sur le dos, la bedaine à l'air. Je ne le réveille pas et attaque la salle de bains. C'est pire que d'habitude : il y en a sur la lunette, au sol, dans le lavabo, sur l'interrupteur. Dans la cuvette macère une couche usagée et quelques gants de toilette jetables. Je soupire et vais chercher un grand sac poubelle, le balai-brosse et la paille de fer. Il ouvre un œil quand je reviens.

— Salut Gérard ! Je viens faire un p'tit coup de ménage !

— Ah, si tu veux !

Il se met à tousser puis, pris d'un doute, il me lance : « C'est sale ? »

Je le rassure et, comme l'humeur du jour est à la chanson, je lui fredonne un air de Maxime Le Forestier pour que se réveillent en lui les souvenirs de son trip à San Francisco dans les années 1970. Mais il est trop fatigué pour chanter avec moi et se rendort sans tarder.

Mme Testud non plus n'est pas en forme : elle a des vertiges quand elle se lève et elle est constipée. « C'est dur comme ça, m'explique-t-elle, ça peut pas sortir ! » et elle me montre son poing fermé pour que ce soit plus parlant. Puis elle me demande d'enfiler une taie d'oreiller sur son ventilateur pour qu'il ne prenne pas la poussière, de lui mettre un sparadrap sur le poignet pour que sa gourmette reste bien en place et de rentrer une plante restée sur le balcon. « S'il te plaît », « merci », connaît pas ! Puis elle se recouche et ferme les yeux. J'en profite pour prendre dans l'évier le gobelet en carton rempli d'eau dans lequel trempe un petit pain, et le foutre à la poubelle. « Qu'est-ce que tu as fait ? » me demande-t-elle aussitôt. Pour quelqu'un qui a des vertiges, elle s'est drôlement vite redressée. Pas le temps de me justifier, elle me traite de saleté !

— Mme Testud, c'est vraiment pas...
— Tais-toi, tu ne m'intéresses pas ! me coupe-t-elle.
— Je vous en redonnerai, du pain.
— C'est pas pour moi, c'est pour les pigeons ! Ils valent mieux que vous !

Ce n'est pas une surprise, nous le savons bien : pour sauver un pigeon, Mme Testud sacrifierait l'ensemble du personnel. Inutile de répliquer, je fais ce que j'ai à faire en silence.

Depuis un moment, j'entends appeler : « Viens ! Allez viens, ne me fais pas attendre ! » C'est Suzanne. Elle erre dans le couloir les yeux pleins d'angoisse. Je la fais asseoir dans un fauteuil et tente de la calmer en lui parlant. Rien n'y fait, elle veut partir, mais elle a peur de l'ascenseur. Très bien, allons prendre l'air, ça me fera du bien aussi. Mais le soleil et la verdure ne l'apaisent pas, au contraire, l'angoisse est montée d'un cran. « Pourquoi tu me fais ça ? Qu'est-ce que je t'ai fait ? » D'habitude, quand je commence à chanter « Non, je ne regrette rien », elle oublie le reste et se met à chanter elle aussi, toute surprise que les mots lui reviennent. Mais là, non, rien de rien. « Je devrais te flanquer une gifle ! » me lance-t-elle.

Décidément ! Mais si ça peut l'apaiser, pourquoi pas.

— Allez-y si vous voulez, Suzanne !
— Quoi ?
— La gifle ! Vous vouliez me flanquer une gifle.
— J'y vois pas assez !

Puis elle me dit qu'elle est méchante et qu'elle n'est qu'une vieille cinglée. Finalement, elle se calme et nous chantons ensemble sa chanson préférée de Piaf, très lentement, en étirant au maximum le « Nooooon », pour qu'elle sente, quelques secondes durant, qu'elle n'est pas seule au monde et qu'elle n'a pas complètement perdu la boule. Nous braillons de concert « Je me fous du passé ! », elle se met à rire, « Oh oh oh, tu te rends compte ? » puis elle m'avoue qu'elle a été amoureuse de moi quand nous étions jeunes.

Hélas, il est temps de rentrer : d'autres piaules et d'autres égaré·es m'attendent.

« TIENS, VOILÀ LA PLUS BELLE ! »

En ce moment, j'ai l'impression de travailler dans un hôpital psychiatrique. Mme Bailly erre à moitié nue dans les couloirs, fait irruption dans la chambre de Mme Simonetti à 6 h 30 du matin, met le bazar dans son placard, renverse son linge par terre, puis lui annonce qu'elle ne restera pas pour le café. La pauvre Yvette n'en peut plus. Gérard, lui, pisse où l'envie le prend : dans le lavabo des toilettes du deuxième, dans le vestiaire des femmes, dans un coin du couloir. « Tu sais ce que j'ai vu en arrivant ? » me demande Ophélie morte de rire. Gérard, déculotté, qui s'apprêtait à déposer son colombin devant l'ascenseur ! À la salle à manger, dès qu'il se lève, c'est-à-dire quatre à cinq fois par repas, nous intervenons pour le dissuader d'aller aux toilettes. Quand on sent que c'est une envie vraiment pressante et pas simplement l'effet de sa bougeotte, il faut l'accompagner pour veiller à ce qu'il aille bien à l'endroit prévu. Mais il n'est pas le seul : son voisin de table est atteint du même syndrome. Celui-là, il faut l'avoir à l'œil, il lui arrive de revenir mal reculotté dans la salle, ce qui provoque les cris scandalisés des dames de son entourage.

Suzanne, elle, est plutôt calme ces jours-ci. Disons qu'elle est moins angoissée. En revanche, question tchatche, elle maintient le niveau. Elle m'annonce qu'elle peut faire un strip-tease si on veut, enfin ça dépend combien on la paye.

— Vous avez déjà fait du strip-tease, Suzanne ?

— Bien sûr ! Dans les boîtes, les boîtes… pas les boîtes de chocolat, hein, celles où on danse !

Puis elle me dit qu'il ne faut pas prêter attention à ce que disent les gens :

— Par exemple, y en a un qui dit t'as une sale gueule ! Pas toi, hein, mais à quelqu'un. Bon, c'est vrai, il a une sale gueule, alors tu comprends…

Et la voilà lancée.

Quand sa fille vient la visiter, je lui dis : « Quand même, quel numéro votre maman ! » Elle me répond : « Oui, c'est vrai qu'elle est amusante ! » Amusante !? J'en parlerai à certaines collègues… Mais soyons juste, ces jours-ci, la balance usante/amusante est en train de se rééquilibrer. Pourvu que ça dure.

Mady, quant à elle, est en train de sombrer. Elle appelle à l'aide, elle appelle maman, elle n'est plus vraiment parmi nous. Quand on va la voir, elle nous agrippe la main et ne veut plus la lâcher. Pour la faire revenir, connaissant son goût pour les gros mots, je lui chante « Le curé de Camaret ». Peu à peu les paroles font leur chemin et soudain, elle se met à rire en pensant aux couilles du curé, elle qui les déteste en raison de l'éducation religieuse très stricte qu'elle a subie. Elle est bien présente maintenant, elle fredonne, puis elle ferme les yeux et s'endort, apaisée. Je la laisse ronfloter dans son fauteuil en me disant que l'on devrait ajouter la chanson paillarde sur la liste des tranquillisants. Mais cela ne dure qu'un temps, plus tard dans l'après-midi elle se remet à crier. Cette fois, c'est l'heure des changes et de la préparation du repas, personne n'a le temps de lui tenir compagnie et ses « Maman, maman ! » angoissés résonnent à vide dans le couloir.

Mme Bailly a sans doute eu l'intention de se suicider : ce matin, elle s'est violemment refermé la porte sur la tête. Elle ne peut plus rester ici, elle n'est plus en sécurité. Elle va passer par les urgences psychiatriques, puis sera certainement placée dans un centre sécurisé. C'est flou, on n'en sait guère plus pour l'instant. La voilà justement qui traverse le couloir pieds nus et sans sa jupe, hagarde comme un zombie, une plaie au front et les jambes violettes d'hématomes. Je la reconduis dans sa chambre, l'aide à s'allonger et m'assieds auprès d'elle en attendant l'ambulance. Aminata et Morgane viennent la préparer, mais elle se crispe, elle refuse qu'on lui mette la jupe, elle refuse tout.

Une demi-heure plus tard, deux ambulancières entrent dans sa chambre. « Tiens, voilà la plus belle ! » lance la première d'un ton guilleret. « Alors, il paraît qu'on fait des cascades ? » enchaîne l'autre. Forcément, Mme Bailly réagit mal : elle demande à la plus joviale des deux si elle a de la merde dans les yeux. « C'est vilain, ça, on va mettre deux euros dans la boîte à gros mots ! » Aminata et Morgane n'entrent pas dans leur jeu, elles tentent simplement de tranquilliser Mme Bailly qui, malheureusement, quitte la maison dans un bien triste état physique et psychologique.

Je leur en reparle plus tard, elles m'avouent qu'elles aussi ont trouvé le ton choquant et complètement déplacé. Tout l'après-midi, ça me trotte dans la tête. Je passe plusieurs fois au bureau pour le signaler, mais la directrice est occupée. Elle a d'autres chats à fouetter : suite à des problèmes de chaudière, la légionelle s'est installée dans le réseau d'eau. Et puis après, j'oublie ou j'ai la flemme de redescendre, je ne sais plus.

Pour détendre l'atmosphère, je propose une sortie au jardin. Pour une fois, Mme Simonetti accepte sans se faire prier. Mme Testud, elle, me fait remarquer que je n'ai pas rempli ma mission hier. Elle est persuadée que la direction m'a personnellement chargé de m'occuper de sa promenade, et me considère donc comme son valet. Au passage j'embarque Mady qui, dès qu'elle met le nez dehors, est tout à fait apaisée. Mais à peine rentrés pour le goûter, c'est reparti : « Maman, maman ! »

Le soir, en salle à manger, c'est le festival. Il y a les habituels, Gérard et son acolyte avec leurs envies pressantes, les maniaques de ceci ou de cela, et puis d'autres qui se disent : « Tiens, pourquoi j'emmerderais pas le monde moi aussi, y a pas de raison ! » Mme Cadène, par exemple, fait un scandale parce que son pichet de vin ne lui permet de remplir qu'un verre. Pour la calmer, je lui en rajoute un demi, sachant qu'à la fin, elle en laisse, mais ça ne va toujours pas. Il fait chaud, j'étouffe sous mon masque, je suis sur les nerfs, j'ai envie de tous les envoyer balader. En remontant à l'étage, Mme Testud se montre tellement infecte et égoïste que je la plante devant sa porte sans l'aider à entrer. Qu'elle se démerde, cette vieille garce ! Et là, il me semble bien voir Mme Lopez sortir discrètement de la chambre de Mme Bailly. Je n'en reviens pas : cette peste profite de l'hospitalisation de sa voisine pour aller faire ses petites sournoiseries. Je m'apprête à l'engueuler, mais elle me fait signe de venir et me montre une petite tache de sang devant la porte de Mme Bailly. Elle soupire et lâche : « *¡La pobrecita!* » (La pauvre !).

« ON EST OK ? »

Cet après-midi, nous avons une formation obligatoire intitulée « Installation au fauteuil ». Nous commençons par nous entasser dans la salle de réunion, nous déplaçons des tables, en empilons d'autres pour faire de la place puis constatons que, décidément, cette salle est trop petite et nous nous transférons dans la salle à manger. Ce petit prologue nous a bien divertis, l'ambiance est très bonne. « S'il vous plaît, on va commencer sans trop perdre de temps », recadre la cadre de santé.

Le formateur est un salarié de la société qui loue les fauteuils roulants, déambulateurs et autres matériels à tous les EHPAD du CCAS. Il est jeune, il porte une blouse blanche pour faire genre, il n'est peut-être pas aussi beau que le kiné remplaçant, quoique, ça se discute. Il commence par dire qu'il est bien conscient que certaines d'entre nous ont vingt-cinq ans d'expérience, mais il pense qu'il n'est pas inutile de rappeler deux trois petites choses. En ce qui me concerne, avec mes quelques mois d'expérience et ma formation initiale inexistante, ce n'est pas inutile, effectivement.

Le choix et le réglage du fauteuil en amont, selon la morphologie de la personne et son degré d'autonomie sont cruciaux, rappelle-t-il, mais la position au quotidien l'est tout autant. Outre d'assurer le confort de la personne, le but est justement de préserver l'autonomie quand il y en a. Il commence par le fauteuil classique, celui qui permet de se déplacer, soit à l'aide des mains courantes, soit avec les pieds (« propulsion podale », je note). « On est OK ? » demande-t-il en balayant son auditoire du regard. Ouais ouais, on est OK.

Passons maintenant au modèle confort. Il faut éviter de basculer le fauteuil en arrière et laisser le résident trop longtemps dans cette position, il aura tendance à baisser la tête pour avoir un champ de vision horizontal, ce qui risque de provoquer des douleurs aux cervicales. « On est OK ? » Vu le nombre de résident·es qui végètent des heures dans leur fauteuil confort basculé en position quasi allongée, je ne suis pas sûr que nous soyons toutes et tous OK.

Jusque-là, il bénéficiait d'une attention polie, la même que pour les réunions d'information COVID, mais lorsqu'il commence à sortir ses accessoires, l'intérêt monte d'un cran. Il commence par un carré de toile auquel est cousue une sangle munie d'une boucle. Il plie la toile et la pose sur un fauteuil classique, puis il passe la sangle entre le dossier et l'assise et la laisse pendre à l'arrière. Il demande alors à une AS de venir s'asseoir, un peu sur l'avant. Celle-ci prend spontanément la posture vautrée que beaucoup adoptent au moment de la pause (c'est mon cas), le formateur se place derrière le fauteuil, il saisit les poignées, passe son pied dans la boucle de la sangle et hop, il appuie un bon coup vers le bas et la collègue se trouve illico en position droite, bien calée contre le dossier. «Oooh!» s'exclame en chœur l'assemblée médusée. Les AS passent leur temps à repositionner des résident·es; mis à part les poids plumes, il faut s'y prendre à deux.

— Le but étant de vous faire gagner du temps et de vous éviter le mal de dos, ajoute-t-il.

— Ça coûte combien? demande une AS.

Elle semble prête à sortir la carte bleue; on rigole.

— C'est remboursé par la CARSAT[1], se contente de répondre le formateur, à l'attention de la cadre de santé.

Puis il sort de sa malle aux trésors un drap de glisse qui, sur le même principe, permet de repositionner sans effort la personne qui a glissé vers le bas du lit. Là, je mettrais ma main à couper que toutes mes collègues du troisième étage ont pensé en même temps à Claudie qui nécessite deux, trois

---

1. Caisse d'assurance retraite et de la santé au travail.

voire quatre personnes pour la réinstaller convenablement, en s'aidant de l'alèse ou à l'ancienne, l'avant-bras passé sous son aisselle, l'autre main agrippée à la barre de tête de lit, un, deux, trois et haaan ! « On est OK ? » Tu m'étonnes qu'on est OK ! Il nous montre ensuite la ceinture « Olivia » qui se fixe à la taille du soignant comme un baudrier d'escalade et permet au résident de s'agripper. Puis un disque pivotant pour faciliter le transfert du fauteuil au lit, pour ceux qui tiennent sur leurs guibolles, et d'autres stratagèmes astucieux destinés à épargner notre sueur et nos lombaires.

Tout ce beau matériel laisse rêveur. À quoi pensent mes collègues ? À Mme Gaubert, tellement fluette qu'elle glisse en permanence dans son fauteuil malgré la contention ? À Mme Simonetti, qui réclame cinq fois par jour : « Remontez-moi, je vous prie » ? (Mais elle, elle ne joue pas dans la même catégorie que Mme Gaubert, hélas.) À M. Amiel, ratatiné dans son fauteuil, le cou cassé, encore à table deux heures après la fin du repas ? À Jeannot, qui pourrait s'agripper à « Olivia » plutôt que de serrer les poignets à en laisser des marques ? À Mme Valette, dont l'escarre aurait certainement pu être évité ? Sans doute aussi à l'unique lève-personne de l'étage, à l'ascenseur toujours en panne, à la chaudière qui débloque et à la collègue qui s'est brûlée en transportant un broc d'eau bouillante pour faire une toilette convenable, malgré tout. Mais personne ne veut troubler cette belle image qui s'est formée dans nos têtes, comme à la surface du lac que l'on voit, peut-être, depuis la baie vitrée d'un EHPAD privé en Suisse. L'image d'un monde où le bien être des résident·es et des soignantes serait pris en compte à parts égales.

«Vous avez des questions?» demande le formateur. «C'est quoi ton 06?» chuchote Ophélie, peut-être un peu fort. Dans notre secteur, ça ricane.

Plus tard, à la pause, je demande à Sarah, qui a vingt-cinq ans d'expérience, ce qu'elle a pensé de cette formation. Elle hausse les épaules: «On n'en verra jamais la couleur! Et de toute façon, ici, le matériel finit toujours par disparaître: le jour où t'en as besoin, il est plus là.»

« TU ES QUELQU'UN DE SECRET »

Alors que je nettoie la salle de bain de Mme Bordes, je l'entends marmonner.

— Qu'est-ce que tu dis, Claudie ?

— Rien, je calcule la couleur que je vais me mettre aux yeux !

Complètement allongée, ses affaires étalées sur son lit et sa table de chevet, avec une grande lenteur et beaucoup de soin, Claudie se maquille tous les jours.

— Et comment tu calcules ça ? je lui demande.

— Ça dépend de mes vêtements. Hier, j'avais un T-shirt rouge, j'ai mis des tons bruns. Aujourd'hui, je suis en bleu, je peux me permettre du rose ou du mauve !

Trouver à tâtons les cotons-tiges dans le tiroir, prendre la palette de maquillage, le pot de crème, le rouge à lèvres, le miroir, tout lui demande un effort. Si un objet est hors de portée de main ou de pince, elle est obligée de sonner et attendre qu'une bonne volonté se manifeste et lui tende. Ainsi, quand on entre dans sa chambre, on se voit chargé d'une liste de petites tâches : remplir le pichet d'eau et y ajouter quinze gouttes d'Antésite, prendre dans le placard un paquet de mouchoirs, remettre la mayonnaise au frigo, décoincer le fil de la rallonge, mettre le téléphone à charger, ranger la trousse de maquillage bien comme il faut. Sachant que si elle laisse filer son assistante du moment, il lui faudra peut-être attendre une heure. Ou pousser la voix, ça aussi elle sait faire.

Sa toilette est l'une des plus longues, compliquées et éprouvantes de toute la maison. Elle doit faire dans les cent trente kilos, mais à vrai dire, personne ne sait exactement, car son poids excède les capacités de nos balances. La douche se fait au lit, évidemment. Outre les difficultés pour la tourner sur le côté, dans un sens puis dans l'autre, pour les besoins de la toilette, du changement de draps et de l'habillage, il faut tenir compte de son staphylocoque qui nécessite un surplus de précautions. Et pour elle non plus, bien évidemment, ce n'est pas une partie de plaisir.

L'autre jour, en arrivant à 13 h 30, j'apprends que Claudie a eu un accident de lève-personne : l'engin a basculé, Ophélie a tenté de la retenir, en vain évidemment, et Claudie s'est retrouvée par terre. Pas de dommage, heureusement, sauf pour Ophélie qui a mal à l'épaule. Fin de l'incident ? Pas vraiment : pour la remettre au lit, il a fallu mobiliser sept personnes, qui y sont parvenues tant bien que mal. Sinon, c'était les pompiers. Notons au passage que cet accident s'est déjà produit deux mois plus tôt, ce qui a valu à Rémi un arrêt de travail de trente jours.

Quand je passe la voir, Claudie a presque oublié l'incident. Ce qui la préoccupe, c'est son téléphone : elle a l'impression qu'il est espionné, elle craint pour son compte en banque. Elle dispose d'une carte bleue, mais comme elle en a fait un usage un peu excessif au début (commande de pizzas quand le menu n'était pas à son goût, notamment), sa tutrice lui a un peu serré la vis. Ce qui ne l'empêche pas d'en faire usage sur internet.

Elle me raconte aussi que son voisin, Bernard, la drague : il la fixe pendant les repas et il aurait demandé à une AS de l'accompagner dans sa chambre à elle. Elle se méfie : « Qu'est-ce que j'ai de plus qu'une autre ? » De toute façon, le personnage lui déplaît : « Il rayonne d'ondes négatives. Qu'est-ce que tu veux que je fasse d'un bonhomme dépressif ? » Bref, elle se fait ses petits films, ça l'aide sans doute à tenir. Chaque jour, j'essaye de passer la voir pour papoter, même les fois où sa chambre est déjà faite. Elle est toujours contente de me voir, elle rit à la moindre blagounette, je suis son grand ami. Mais peu à peu, je commence à ressentir une certaine gêne.

Claudie fait partie de celles qui réclament des bisous. Parmi nous, il y en a qui en font à travers le masque. Ce n'est pas vraiment compatible avec les règles en vigueur, certes, mais ces petits témoignages d'affection ont leur importance. Claudie ne se contente pas de recevoir un bisou, elle veut aussi en faire, rien de mal à ça, mais une fois, elle me demande innocemment ce qui se passerait si elle dérapait. Je fais semblant de ne pas comprendre, mais je vois très bien où elle veut en venir. La fois suivante, je me retranche derrière les nouvelles consignes anti-COVID pour ne pas lui faire son bisou : « On ne peut quand même pas faire n'importe quoi ! » Ce qu'elle interprète à sa manière : « On s'en fiche de ce que pensent les autres, l'important c'est ce qu'on éprouve l'un pour l'autre ! »

Eh merde ! Comment rétablir la situation sans la blesser ? Je l'apprécie vraiment et j'ai une certaine admiration pour sa force de caractère et sa bonne humeur en dépit de sa triste condition. Bref, j'esquive sans mettre les choses au clair. Si elle me pose des questions sur moi, je reste évasif, ce qu'elle me reproche gentiment : « Tu es quelqu'un de secret ! » Quand elle me demande mon numéro, je prétexte que je ne le connais pas par cœur et que nous sommes obligés de laisser nos téléphones au vestiaire (ce qui est vrai). Je sais qu'une AS est amie sur Facebook avec elle, mais moi, je n'ai aucune envie que l'EHPAD prenne encore plus de place dans ma vie.

Quelque temps plus tard, de retour d'une semaine de congés, j'apprends par Marianne que Claudie va certainement devoir se faire amputer sa jambe staphylocoquée. C'est un choc : je croyais que ça allait mieux de ce côté-là. Au contraire, me dit Marianne : « C'est une horreur, on lui voit la prothèse ! » Il ne faut rien lui dire, on attend le rendez-vous avec le chirurgien. À partir de là, je ne sais plus quoi faire. Je ne veux ni l'éviter ni la laisser m'entraîner là où je ne veux pas aller, sans toutefois la vexer et la renvoyer à nos conditions respectives, chacun de son côté de cette barrière qui sépare résident·es et soignantes. J'essaye d'être professionnel et de la traiter comme les autres ; ce n'est pas facile.

Sachant ce qui risque de lui arriver bientôt, une attention particulière lui est apportée. Un week-end, deux AS la sortent dans le jardin, c'est une grande première. Claudie y prend goût et réclame à sortir à nouveau. Le seul moment possible pour elle, c'est juste après le repas quand elle est encore au fauteuil. Mais c'est aussi le moment de la pause déjeuner et aujourd'hui, personne ne semble bien motivé. Je me propose, une AS va lui chercher le manteau et la couverture, une infirmière stagiaire descend à la pharmacie lui prendre un cacheton de morphine et c'est parti. La manœuvre n'est pas aisée pour rentrer son fauteuil dans l'ascenseur : il prend autant de place qu'un lit médicalisé. « Les autres filles vont être jalouses ! » me lance-t-elle. Elle a fait péter le maquillage comme jamais.

Le petit tour du parc habituel prend une autre tournure : la faible pente du chemin me paraît bien raide, quant à la descente, je suis obligé de peser de tout mon poids pour retenir le fauteuil. Finalement, j'installe Claudie au soleil, à l'abri du vent. Elle est ravie, elle se délecte de tout : les couleurs des dernières feuilles, le ciel, les roses dont certaines sont encore épanouies, le chat blanc et noir qui se chauffe sur le capot d'une voiture. Elle me propose de faire un selfie, pourquoi pas, avec mon téléphone ce sera plus simple, elle me demande de lui envoyer, 06, etc., et au moment ou la notification se fait entendre sur le sien, je comprends que je me suis fait avoir. Quelle roublarde ! On m'avait pourtant mis en garde : « Tu vas voir, c'est une sacrée manipulatrice ! »

Peu après, je reçois un texto : « 2 jours sans te voir c très long. Tu me manques ! » Me voilà bien obligé de clarifier la situation. Je lui réponds : « Bonjour Claudie, c'est gentil, mais ça me gêne. Je ne peux te donner plus que de l'amitié. J'espère que tu comprends. » Pas de réponse de sa part. Quand je la vois le lendemain, je lui demande si elle l'a mal pris. Bien sûr que non, c'est moi qui ai mal interprêté : c'est sa façon à elle d'échanger avec ses amis. Elle en a d'autres à l'extérieur de l'EHPAD, dont un qui l'appelle « ma princesse ». Pour tout dire, ma réaction l'a amusée. Bref, cette fois, c'est moi qui me suis fait mon film ! Les choses sont donc claires, tout va bien.

Un soir de la semaine, vers 21 heures, je reçois un appel : Claudie. Je laisse sonner. Le lendemain matin, nouvel appel. Je ne prends pas non plus, mais j'écoute le message qu'elle m'a laissé : « Puisque tu ne décroches pas, je te l'annonce : je vais me faire amputer la jambe. » Je culpabilise. Elle a besoin de soutien et je ne suis pas foutu de répondre présent. Est-ce bien moi qui ai parlé d'amitié ? Et en même temps, elle n'aurait jamais dû avoir mon numéro. Je la rappelle. « Je suis désolé pour toi, Claudie. » Je ne sais pas quoi dire d'autre. « Moi aussi je suis désolée pour moi ! » me répond-elle. Je lui dis que je serai là le week-end suivant, elle me demande simplement de la sortir au jardin. Ça ne dépend pas de moi, il faut que mes collègues l'aient mise au fauteuil avant mon arrivée. Mais je promets.

« BONJOUR, C'EST LES MÉDICAMENTS ! »

Nous sommes le 23 décembre, il est 20 h 35. Je compose le code, pousse la porte, arrache mon masque et respire un grand coup, en déplorant ce fragment de vacances perdues, ces cinq minutes offertes au CCAS, bien involontairement. Mes collègues sont déjà parties ; pour la plupart, il n'est pas question de congés.

« Alors, ça fait du bien ? » me lance une voix. Je n'avais pas vu Marianne et Delphine, les infirmières de service ce soir, assises à la petite table bancale disposée dans un courant d'air en guise de coin fumeur. Tu m'étonnes que ça fait du bien ! Finalement, je m'arrête dans mon élan et reste discuter. Le sujet de la conversation, c'est le planning de cette période de fêtes.

Le quinze du mois, l'adjointe de direction passe dans les étages et à l'infirmerie afficher le planning du mois suivant. Dès qu'elle tourne les talons, nous nous ruons sur le tableau comme des lycéens le jour des résultats du bac, pour découvrir à quelle sauce nous allons être mangées, et nous le prenons en photo puisque contrairement à d'autres EHPAD, il ne nous est pas envoyé. Les jours suivants, à la pause, nous ne parlons que de ça.

Présentement, Marianne et Delphine tentent de prendre avec humour ce qui va leur tomber sur le coin de la figure les deux semaines à venir. En raison du départ d'une collègue infirmière et des congés posés par les unes ou les autres, elles vont se retrouver seule, à tour de rôle, pendant une matinée ou une soirée. Finalement, je ne sais pas grand-chose de leur travail, nous ne faisons que nous croiser au moment des repas.

Une infirmière est en charge de deux étages, m'explique Marianne. Le matin, entre 7 h 30 et 8 h 30, elle toque successivement à une trentaine de portes, crie « Bonjour Mme Machin, bonjour M. Truc, c'est les médicaments ! », réveille celle qui a eu la mauvaise idée de se rendormir, repositionne celui qui s'est affaissé, prend sur le chariot le sachet correspondant à la personne, si besoin un verre d'eau, de jus ou une compote pour faire passer la pilule, et s'en va en lançant : « À tout à l'heure ! » Ça, c'est la première tournée. Le midi et le soir, il faut passer dans les étages au moment du repas, puis dans la salle à manger, d'une table à l'autre, souhaiter bon appétit tout en donnant trois comprimés, en collant deux gouttes de collyre dans un œil ou en piquant un doigt pour vérifier le taux de sucre dans le sang. Et comme le soir, c'est toujours tendu, en profiter pour donner un coup de main au service.

Une partie de cette tâche monotone est déléguée aux AS qui, trois fois par jour, vont chercher les « délégués » à l'infirmerie, une coupelle remplie de petits sachets de médicaments à administrer elles-mêmes. Quant à moi, ma tâche se limite à disposer ces sachets nominatifs sur les plateaux, ce qui permet de ne pas les confondre. Mais il arrive qu'à leur tour des AS délèguent à l'ASH une partie desdits délégués, lors de la distribution des petits-déjeuners notamment. « Tu pourras mettre ça dans le verre de M. Amiel ? » Ce qui n'est pas mon rôle, mais sachant que si je refuse, au moment où ce monsieur aura le plateau devant lui, l'AS sera peut-être à perpète. La chorégraphie est compliquée et les erreurs de timing se payent en longueurs de couloir et en voyages en ascenseur. Un soir où j'oublie de prévenir que Solange ne descendra pas manger, Marianne me prévient : « La prochaine fois, je t'étrangle ! » Il lui faut remonter au troisième après sa tournée dans la salle à manger. De toute façon, ce n'était pas à moi d'avaliser la décision de Solange de ne pas descendre, j'aurais dû appeler pour demander les instructions. La fois d'après, je reste intraitable : « Allez Solange, il faut descendre ! » et Louis, son mari, va dans mon sens : « Tu vois pas que tu l'emmerdes ? »

Avec Mme Lopez, la prise de médicaments est toujours compliquée. À plusieurs reprises, on me charge de verser discrètement les gouttes dans son bol de chocolat ou de soupe. Hélas, Mme Lopez a un odorat de chat et repousse le plateau dès qu'elle flaire une entourloupe. Je finis par refuser de jouer ce jeu pour ne pas détériorer nos fragiles relations. Même souci avec Bernard, qu'il faudrait fliquer pour qu'il ne garde pas les gélules sous la langue ou dans sa joue, pour les recracher ensuite dans les toilettes. Je serais tenté de dire : « On ne peut pas leur foutre la paix ? » Mais l'état psychologique déplorable de l'une et de l'autre est justement dû au fait qu'ils ne prennent pas leur traitement.

J'allais oublier une autre tâche de l'infirmière : coordonner la réunion de transmissions entre équipes du matin et du soir. Et puis il y a les urgences. Quand une personne chute, avant de la redresser, nous devons appeler l'infirmière. La nuit, comme il n'y en a plus depuis quelques années, il faut s'adresser directement aux services de secours, ce qui peut déboucher sur un passage aux urgences et, par ces temps de COVID, sur une semaine d'isolement dans la chambre au retour. La réduction des effectifs, c'est la double, voire la triple peine pour les résident·es.

Mais revenons à nos plannings. Delphine me raconte qu'elle a déjà expérimenté un week-end de deux fois douze heures, suivi de sept heures le lundi, en matinée sinon ce ne serait pas drôle, soit trente et une heures en trois jours. C'est plus ou moins ce qui se profile pour cette période de fêtes, avec en plus le stress d'être seule à gérer les quatre étages. Et quand on parle de douze heures, c'est sur le papier. « Le dimanche, quand je commence à 7 heures, j'arrive à 6 h 15, sinon c'est la course », précise Marianne. Elles sont bien d'accord, elles ne vont pas se défoncer pour réussir à abattre seule le boulot de deux. Sans compter que ce sont aussi des jours de fêtes dont on ne profite pas, ou mal, en raison de la fatigue. Et les stagiaires ? La question à ne pas poser ! C'est un boulet plutôt qu'une aide : « Elles mettent trente secondes là où tu en mettrais trois, et en plus, tu es obligée de les regarder faire ! » Mais Marianne reconnaît qu'elles sont toutes passées par là. Ça l'agace, d'ailleurs, qu'on leur dise de les bichonner pour qu'elles restent, vu la difficulté à recruter. « Il n'y a aucun intérêt pour une jeune à commencer par l'EHPAD, elle va perdre ses connaissances. Les actes infirmiers sont très limités. » Delphine me propose de l'aider la prochaine fois où elle sera seule, et elle ne plaisante pas : « Au moins, tu connais les résidents, je peux préparer et te laisser donner. Ça fait gagner du temps. » Nous en sommes là…

« Sympa, vous m'avez bien plombé ma première soirée de vacances ! » je leur lance en les quittant. Et je leur souhaite bon courage plutôt que bonnes fêtes.

« ON PASSE NOTRE VIE ICI »

Claudie s'est engueulée avec le médecin de l'EHPAD. « C'est un con ! » me résume-t-elle. Celui-ci a eu le tort de confirmer ce qu'a dit le chirurgien : l'amputation est inéluctable. Marianne a passé beaucoup de temps avec elle pour la convaincre qu'elle y gagnera, d'une certaine manière : elle pourra enfin retrouver la position verticale et même une certaine autonomie avec un fauteuil roulant électrique. Mais Claudie ne veut pas de ce fauteuil, elle veut garder sa jambe.

Quand je retourne la voir, elle est résignée. « De toute façon, depuis toute petite, je m'en suis toujours pris plein la gueule ! J'ai cherché le pourquoi du comment du pasque, ça ne sert à rien ! » Sans ce maudit staphylocoque doré qui la cloue au lit depuis deux ans, elle pourrait s'en sortir dans la vie. Elle est jeune (selon les critères de la maison), elle est sous tutelle certes, mais elle a sa tête et elle est débrouillarde. C'est d'autant plus rageant que cette maudite bactérie, elle l'a attrapée à l'hôpital lors d'une opération du genou. Elle me montre une photo sur son téléphone, qu'une infirmière a prise à sa demande. On voit, comme un œil brillant sur fond rouge, la prothèse, à vif.

Mais l'heure n'est plus à ressasser. « De toute façon, je n'ai pas le choix, alors je me dis : si c'est ça qui doit arriver dans ta vie, eh ben, c'est ça, et faire la gueule n'y changera rien ! me confie-t-elle. J'ai réussi mon intégration dans la tête, maintenant il faut que j'y arrive dans mon corps. » Ce travail sur elle-même, elle le mène avec l'aide de voyantes. Une en particulier l'aide beaucoup, une Gitane des Saintes-Maries-de-la-Mer. « Les Gitanes, c'est les meilleures ! Et celle-là n'est pas plus chère que les autres, c'est douze euros les dix minutes. » Claudie lui a demandé de lui envoyer des images mentales pour comprendre ce qu'on allait faire de sa jambe, ça lui parle plus que ce que lui raconte ce con de toubib.

Ça lui fait du bien de se confier, elle me dit que je suis son meilleur ami. Je ne fais rien pour aller dans son sens ou pour la contredire ; je me contente d'être là et d'écouter, un brin inutile. Ah si, je peux l'aider pour quelque chose qui lui tient à cœur : elle aimerait acheter un livre, mais elle n'y arrive pas sur internet. « Si tu peux l'acheter pour moi, tu me rendrais un grand service. Ma carte bleue est dans mon sac à main, dans le placard. » Je me vois bien partir en ville avec la carte bleue d'une résidente ! « Je te l'offre, Claudie, ça me fait plaisir ! » Le bouquin en question, c'est *L'homme qui parlait avec les morts* de Reynald Roussel. « C'est un des médiums les plus puissants en France », m'explique-t-elle.

Mais je ne peux pas non plus lui consacrer beaucoup de temps : ce mois-ci, je travaille à l'étage du dessous. Le deuxième, c'est le plus lourd en termes de ménage, de plonge et d'atmosphère. Le dîner est particulièrement plombant, et le CD de Sardou ou la compile *Hits 2011*, que quelqu'un s'obstine à mettre bien trop fort, ne contribue pas à améliorer l'ambiance. Et surtout, je connais moins les résident·es et je suis moins en contact avec les AS. La plonge est séparée de l'office, c'est plus tranquille pour travailler, mais cela isole. Je note que l'entraide est loin d'être une évidence : j'apprécie moyennement de retrouver en fin de service des plateaux repas en vrac dans l'évier, alors que le lave-vaisselle est vidangé et la plonge bien rangée. C'est sans doute pour cela qu'on nous change de niveau : pour goûter aux mauvaises habitudes de chaque étage !

Au fil des jours, je me démotive. Je pensais réussir à tordre mon poste de façon à donner du sens à ma présence entre ces murs, mais à cet étage, ce n'est pas possible : il y a trop de boulot, c'est de l'abattage. Me voilà renvoyé à ma fonction d'agent des services hospitaliers, un poste de ménage, de plonge et de service pour lequel j'ai été embauché. Et pas accompagnateur de sorties de plein air, bricolo-assistant social ou coiffeur amateur. À vouloir sans cesse faire le grand écart entre ce qu'on me demande et ce que j'aimerais faire pour les résident·es, je bâcle tout. Je sens aussi que les frontières entre vie privée et EHPAD ne sont plus du tout étanches. Mes soucis me suivent dans les couloirs, j'ai souvent la tête ailleurs. Chez moi, je repense à ma journée, je note frénétiquement dans mon journal pour ne rien perdre, je n'arrive plus à décrocher. Et surtout, il y a cette histoire avec Claudie.

Un lundi, une collègue m'apprend qu'il y a eu trois décès à cet étage durant le week-end. Des personnes que je connaissais peu. « Trois chambres en moins à faire ! » je me dis, et immédiatement, je me traite de connard d'avoir eu cette pensée lamentable. Je traîne comme ça plusieurs jours, mécontent de moi-même et des autres, jusqu'à ce qu'une collègue me demande en me voyant arriver le visage fermé : « Ça va Denis ? » Cette fois, je ne fais pas semblant, je réponds : « Non ça va pas ! » Elles sont plusieurs à l'office, je les connais moins que mes collègues habituelles, mais je les apprécie. Je vide mon sac, elles m'écoutent. L'une me dit ce que je sais déjà : toutes traversent de tels moments, ça passe ; une autre qu'il est peut-être temps pour moi de partir. Elle a raison : dans ce genre d'institution, on se blinde ou on finit par s'en aller, écœuré.

Mais partir, ce n'est pas non plus évident. Alors que les premiers mois, ma problématique c'était de tenir le coup, l'EHPAD est à présent tellement ancré dans mon quotidien que l'idée de raccrocher me fait presque peur. Comment vais-je combler ce grand vide que ça laissera dans mes semaines ? Je ne m'imagine plus passer toutes mes journées à bosser seul à mes projets, égoïstement. Comme dit Aminata : « On passe notre vie ici, c'est normal qu'on s'attache. » Aux collègues, aux résident·es, à certains moments de la journée. Je fais partie d'une équipe, on compte sur moi, je ne peux pas simplement dire : « J'en ai marre, je me tire ! »

Je décide donc de changer de méthode. Je me concentre davantage sur mes tâches d'ASH, j'abandonne pour quelques temps les sorties au jardin et les petites chorales impromptues, je passe l'autolaveuse dans le couloir les jours où c'est prévu. Finalement, c'est comme tondre le gazon, c'est monotone mais ça a ses avantages : ça dispense de répondre aux appels. Je fais le job ou plutôt je fais ce que je peux, correctement, sans zèle excessif. Je repense à Victoire, qui m'a formé les premières semaines et qui, depuis, a quitté l'établissement : concentrée sur sa tâche, efficace, économe de son énergie. J'essaye de travailler dans cet esprit ; ça me fait du bien.

Un midi, en passant à l'infirmerie signer le cahier de présence, j'apprends que Claudie est dans le coma. À la suite de son opération, elle a eu une infection qui a dégénéré en septicémie. Cette nouvelle nous attriste tous. La veille de son départ pour l'hôpital, elle m'a demandé si je l'appellerais. Cette fois, j'ai tenu à être honnête, je lui ai dit que non et lui ai expliqué pourquoi. « Mais je prendrai de tes nouvelles. » Elle a levé les yeux au ciel, l'air de dire : « Tu parles ! » La mauvaise conscience qui m'avait quitté un moment me revient au galop. Nous parlons de tout cela, puis partons chacun chacune de notre côté : vestiaire, salle de réunion, parking. Je monte me changer et commence à faire mes chambres, concentré, efficace, économe.

Quand je réintègre mon étage le mois suivant, je me sens nettement mieux. Yvette m'accueille avec le sourire : « Ah Denis ! On s'est ennuyées sans vous ! » Il y a eu mes congés pour les fêtes de fin d'année puis ce mois passé à l'étage du dessous. Mme Lopez me dit : « *¡Estoy contenta!* » (Je suis contente). Ça me touche. Je fais la tournée des bonjours avant de me coller au boulot, je me garde Suzanne pour plus tard, sinon j'y suis encore dans une heure, je passe voir les collègues qui sont en pause sur la terrasse. « Ben alors, t'étais où ? » Je découvre au passage de nouvelles têtes.

La collègue du matin a bien bossé : seules cinq chambres ne sont pas cochées sur la feuille de suivi.

On va peut-être pouvoir envisager quelque chose pour cet après-midi ensoleillée. J'en fais deux, rapide et silencieux, car c'est l'heure de la sieste. En poussant la porte de la troisième, j'ai un choc. Un monsieur que je n'ai jamais vu est allongé sur le lit. Il se redresse vivement et me dit : « C'est vous qui apportez le goûter ? » Je me présente, lui c'est Jean-Michel, il est arrivé il y a une semaine, il me demande si je suis nouveau et me réclame une canette de Coca pour le goûter. Il est jeune, soixante-cinq ans à tout casser, il parle vite et sans articuler, je le fais répéter plusieurs fois. Il se lève, va à la fenêtre, me dit quelque chose que je ne comprends pas puis s'assoit sur le lit. Je ne suis pas habitué à une telle agitation dans cette chambre. Ce monsieur me perturbe, il me faut un peu de temps pour intégrer ce qu'implique sa présence.

— À plus tard Jean-Michel ! je lui lance, sans réelle intention de repasser le voir.

— Une canette, hein, pas un verre ! me répond-il.

Cette chambre, c'était celle de Claudie.

« JE NE VEUX PLUS VOUS ENTENDRE VOUS PLAINDRE ! »

Une note de service punaisée au tableau annonce la date de la réunion pour les ASH, réclamée depuis deux mois. Principal sujet de mécontentement, le décalage de l'horaire du dîner des résident·es. Il était servi à 18 heures dans les étages, du jour au lendemain on nous demande de le repousser d'une demi-heure. En salle, ça démarrait vers 18 h 45 ; maintenant, la consigne est d'attaquer à 19 heures et pas avant. Visiblement, l'ARS (Agence régionale de santé) a estimé que la période de jeûne entre le repas du soir et le petit-déjeuner était trop longue pour nos résident·es.

Compte tenu des ratios établis par l'institution (laquelle, je n'en sais rien), nous ne manquons pas de personnel. Mais il suffit de jeter un œil en salle au moment du dîner pour se faire sa propre idée : l'équipe hôtellerie ne suffit pas à assurer le service et on demande à des ASH de descendre des étages pour prêter main-forte, ainsi qu'à des infirmières à l'occasion. Pour nous, ce décalage d'horaire, en apparence anodin, se traduit par une fin de service dans la précipitation et le stress.

En voyant cette note au tableau, Fatiha a les larmes aux yeux : « Enfin, on nous entend ! » Elle trouve que les ASH sont les grandes oubliées de l'EHPAD. « Il n'y en a que pour les aides-soignantes ! » Elle est titulaire au deuxième, l'étage le plus dur. Le soir, une vingtaine de personnes y mangent. Depuis ces nouvelles consignes, il faut laisser en plan la plonge, descendre en courant au premier faire le service dans la grande salle à manger, puis remonter pour terminer la vaisselle et tout le nettoyage. Forcément, avant de descendre, on a envie de récupérer le maximum de vaisselle sale et de plats pour les laver et s'alléger la deuxième mi-temps. Et comme, de leur côté, les AS ont aussi la pression (faire manger les personnes qui ne sont pas autonomes et les coucher avant que les autres résident·es ne remontent de la salle à manger), le repas est vite expédié. Comme si cela ne suffisait pas, la cadre de santé nous demande de ne plus débarrasser les assiettes au fur et à mesure et d'attendre que toute la tablée ait terminé son plat. Pour leur donner l'illusion qu'ils sont au restaurant et pas à la cantoche de l'EHPAD, avec son céleri rémoulade, son hachis parmentier et sa salade de fruits « farandole » en seau de cinq kilos et demi ? Charge à nous de faire comprendre à Mme Blanchot qu'elle doit attendre sa voisine qui traîne pour qu'on lui apporte ses petits suisses. À la plonge, ça râle aussi parce que justement, on aimerait bien voir arriver la vaisselle au fur et à mesure, et pas une avalanche à la fin. Et comme la cadre patrouille dans les étages et la salle à manger pour vérifier que toutes ces nouvelles consignes sont bien appliquées, on ne peut pas dire que l'ambiance soit très sereine au moment des repas.

Le jour de la réunion arrive. Sont présentes la directrice, l'adjointe de direction, la cadre de santé, une des deux secrétaires et une quinzaine d'ASH. Naïvement, je m'étais imaginé qu'on allait faire un tour de table pour recueillir nos doléances et propositions. Au lieu de ça, l'adjointe nous informe que l'organisation est en train d'évoluer et nous demande de nous y conformer pour pouvoir l'évaluer et faire des ajustements. Et elle nous présente la *nouvelle* nouvelle organisation : un ballet bien orchestré dans lequel des ASH apparaissent puis s'éclipsent au cours du repas et courent dans les coulisses. Si les résident·es y comprennent quelque chose, tant mieux, moi j'ai du mal. Ce que je vois, c'est qu'au moindre grain de sable, ce sera la grosse pagaille.

J'ai bien compris que ça ne servait pas à grand-chose de contester l'organisation. Elle évolue en permanence en fonction des décès, des admissions et des degrés de dépendance plus ou moins grands des résident·es, qui alourdissent ou au contraire allègent la charge de travail de tel ou tel étage. La direction fait de son mieux pour «optimiser», mais pour nous, c'est pénible de changer sans arrêt. Ça me fait penser à un jeu de Tetris dans lequel on bouge ASH et AS dans tous les sens pour combler les plus gros trous, sans avoir recours à l'embauche (le gros mot qu'il ne faut surtout pas prononcer). Résultat du jeu : nous vivons mal d'être déplacées comme des pions et, sans arrêt, une roue de fauteuil ou un pied se prend dans un de ces trous mal bouchés.

Une fois où je vais vider mon sac dans son bureau, la directrice me répond : «Je suis d'accord avec vous sur toute la ligne, mais vous devez bien comprendre une chose, Denis, c'est que notre avis ne compte pas!» Pour désarmer la colère, rien de tel, mais ce n'est pas une stratégie de ressources humaines, c'est la triste réalité. Autre façon de réagir face au mécontentement : lors d'une autre réunion au cours de laquelle des AS font part de leur difficulté croissante à assurer leur mission, la cadre de santé leur rétorque : «On vous a mis des renforts, maintenant, je ne veux plus vous entendre vous plaindre!» Sachant que les renforts en question sont des personnes formées sur le tas, quelques journées en doublure avec une AS et allez hop! Ça aurait pu être moi, si je n'avais pas fait marche arrière sur la question des soins. Une autre fois, elle mentionne un EHPAD privé où l'ASH a cinquante chambres à faire quotidiennement. « Ce n'est pas pour vous demander d'en faire autant, évidemment, mais… » C'est pire dans le privé, on le sait. Pourquoi nous agiter cet épouvantail sous le nez ?

Qui est responsable de nos mauvaises conditions de travail ? Le CCAS ? L'ARS ? Le ministère de la Santé ? Qui décide de quoi ? Nous n'en savons rien, nous n'avons aucun contact avec ces instances. Ce sont des logos sur des consignes d'hygiène et de sécurité de plus en plus contraignantes, sur un bulletin de salaire trop bas ou sur la lettre qu'une directrice générale nous envoie, pour nous faire part de son « infinie gratitude face à notre mobilisation pour assurer nos missions au titre d'un service public reconnu par tous comme essentiel à la nation », un blabla qui énerve plutôt qu'autre chose et qui file directement à la poubelle.

La colère se dilue dans ces sigles mal définis et lointains. Elle a besoin de se reporter sur une personne physiquement présente entre les murs. « Elle fait chier, l'autre ! Elle n'a qu'à mettre des gants et venir nous aider au lieu de rester dans son bureau ! » peste une AS. Dans d'autres EHPAD, la cadre de santé, qui est une infirmière diplômée, participe aux soins. Chez nous non, question de taille d'établissement, pas de mauvaise volonté, m'a-t-on dit. Mais j'avoue avoir eu à peu près la même pensée en la voyant se diriger vers la sortie après avoir fait sa tournée d'inspection dans la salle à manger, sachant que dans quinze minutes, nous allons manquer de bras pour remonter les résident·es dans les chambres.

Notre directrice se plie en quatre pour tenir compte des situations personnelles. Elle offre une journée à celle qui, épuisée, fond en larmes dans son bureau ; elle autorise une autre à emmener son fils de neuf ans avec elle, un dimanche où le papa fait faux-bond. Elle dit oui à toute proposition qui apporte un peu de vie entre ces murs, elle prête une salle à des artistes pour qu'ils puissent répéter en échange d'une représentation gratuite, elle s'arrange pour que l'on ait le hamburger-frites payé lors d'une soirée en extérieur pour le personnel, elle organise un match de foot auquel elle participe. Quant à la méchante, le jour où je vais la voir parce que j'ai des douleurs au plexus qui me rendent le boulot intenable, elle interrompt son méchant travail de cadre de santé et prend le temps qu'il faut pour m'écouter et faire en sorte de me trouver de réels arrangements. Et l'adjointe de direction que nous n'allons voir que pour des problèmes de planning et de salaire ? Et les deux secrétaires, dont le travail est aussi indispensable qu'invisible ?

Nous voyons les choses de notre point vue d'ASH ou d'AS, mais que savons-nous de la réalité de leur boulot ? La position doit être inconfortable entre des résident·es qui râlent, des familles globalement mécontentes et parfois menaçantes, un personnel que l'on voit souffrir et pour lequel on ne peut pas grand-chose, mais qui parfois abuse, et une institution sourde et de mauvaise foi, qui met des bâtons dans les roues plutôt qu'elle ne facilite. Sans perdre de vue l'objectif principal : faire tourner cette énorme machine vieillotte avec un budget trop court, une chaudière et un ascenseur moribonds et une gestion informatique moyenâgeuse. Comment vit-on cela ? Finalement, je crois que je préfère ma place à la leur. C'est ce que je me dis en sortant de cette réunion qui, de mon point de vue, ne nous aura rien apporté. Ah si : Fatiha a gagné dix minutes pour terminer sa plonge du soir.

« VOUS ALLEZ ME MANQUER ! »

Au terme d'un contrat initial d'un mois renouvelé seize fois, ma décision est prise : j'arrête l'EHPAD. Pourquoi ? Pour un ensemble de raisons. L'obligation de me refaire vacciner (ce dont je n'ai pas envie), des douleurs qui me sont apparues et qui m'amènent chez l'ostéopathe (à mes frais), l'envie de me recentrer sur mes projets d'écriture. Je l'annonce aux collègues et à quelques résident·es. Les réactions me font chaud au cœur. Yvette verse une larme : « Vous allez me manquer ! » Elle aussi va me manquer et ce n'est pas la seule. Bernard ne dit rien, mais ne cherche pas à abréger le contact et ne détourne pas le regard comme à son habitude. J'en conclus qu'il est ému.

— Prenez soin de vous ! je lui fais.
— Ça, c'est un autre problème ! me répond-il.

Beaucoup de personnes dont je me suis occupé sont décédées : quatorze rien qu'à mon étage, je préfère ne pas savoir combien sur l'ensemble de l'établissement. Certaines d'entre elles ont été les protagonistes de ce livre, à leur insu, car comment faire autrement? Je leur adresse une pensée et les remercie : elles ont contribué à rendre bien vivants ces lieux dont on ne retient le plus souvent que la réputation exécrable. Quant à celles et ceux qui sont encore là, qui s'accrochent ou qui perdent pied, j'ai la désagréable sensation de les abandonner. Des collègues aussi vont me manquer : partager les galères du boulot, s'entraider, déconner et rire de ce qui n'est pas forcément drôle, ça crée des liens.

Un mois passe. Je repense à ce que j'appréciais à l'EHPAD : enfiler chaque jour une tenue propre et bien repassée, chanter en chœur des airs désuets, écouter une vieille personne parler avec émotion de sa jeunesse, poser un verre de soupe au coin de l'évier et en boire de petites gorgées pendant la plonge, caler mon rythme sur l'extrême lenteur ambiante et observer les distances et le temps s'étirer. Mais aussi le service en salle, expéditif et enjoué, les petites sorties dans le jardin à guetter un rayon de soleil et tous ces instants dérobés à la torpeur du lieu. Je revois Gérard regagner sa chambre de sa démarche d'ours des Pyrénées ; Mady s'appliquant religieusement à défroisser un tas de lavettes informes ; Mme Milnis exaspérant son entourage à force d'allumer et éteindre la lumière ; Suzanne partant à la chasse aux beaux garçons.

Chaque jour ou presque, je passe devant la maison de retraite près de chez moi. À une fenêtre de l'étage, j'aperçois le chariot de petit-déjeuner, à une autre, un fauteuil en skaï gris et la potence au-dessus du lit avec le fil de la sonnette. À midi et à 19 heures, des personnes âgées sont attablées ; je reconnais l'odeur du potage. Parfois je vois un petit groupe de femmes en tenue blanche et chaussées de Crocs en train de fumer ou se frottant les bras pour se réchauffer. Passé 20 heures, les lumières des chambres sont presque toutes éteintes.

Comme je l'avais promis, je reviens un dimanche après-midi pour aider à animer un goûter en chansons : un moment joyeux qui me donne une raison et l'envie de maintenir le lien. Puis je monte à mon étage habituel voir les oublié·es, celles et ceux qui ne profitent jamais des distractions. Là, un profond sentiment de tristesse me saisit à nouveau, comme au premier jour, comme à chaque retour de congés. Je ne m'en débarrasserai jamais, elle est imprégnée dans les murs comme une odeur tenace. J'ai simplement réussi à la mettre en sourdine pour pouvoir faire ce qu'on me demandait de faire. Maintenant, je me demande : « J'y retourne ou j'y retourne pas ? » Le temps passe et j'ai mauvaise conscience. Je comprends mieux certains comportements de collègues qui me choquaient parfois : pour durer, il faut se blinder ; dès qu'on dépose l'armure, c'est foutu !

C'est l'institution qui fait ça. On a beau l'avoir entendu, il faut l'expérimenter pour l'intégrer.

Mais mon ex-employeur n'entend pas me laisser filer à si bon compte. Un peu partout sur mes trajets habituels, ces fourbes ont affiché, sur les panneaux publicitaires, un visage de vieille dame, qui me regarde l'air soucieux. «Elle vous attend» est écrit en grand; et dessous: «Aides-soignants, auxiliaires de vie, infirmiers, le CCAS recrute»!

TABLE

Introduction	7
Note sur l'écriture inclusive	21
« Alors, tu vas torcher les vieux ? »	23
« Tu commences à avoir la même mentalité que les filles ! »	29
« Vous aimez le rap, Claudie ? »	33
« Oh ! la barbe ! »	39
« On dansait à en mourir »	43
« Je t'aime comme un frère ! »	47
« Ça va Denis, tranquille ? »	51
« Elle a tout pour être heureuse ! »	55
« Ça ne se fait pas de toucher un homme à ces endroits ! »	59
« Elle a pas fini de vous emmerder, celle-là ! »	63
« Quand y a que des nénettes… »	67
« Potage, deux louches ! »	71
« Ça va encore faire des trucs à histoires… »	75
« Boum boum dans les oreilles ! »	81
« Allez-y, faites-moi rire ! »	87
« Les Allemands ! »	91
« On va nous prendre pour des Gitans ! »	95
« Je ne vois pas ce que j'ai bien pu faire de mal »	99
« J'ai toujours eu de beaux cheveux ! »	105

« Sortez-moi cet énergumène ! » 111
« Les pigeons, ils valent mieux que vous ! » 115
« Tiens, voilà la plus belle ! » 119
« On est OK ? » 125
« Tu es quelqu'un de secret » 131
« Bonjour, c'est les médicaments ! » 139
« On passe notre vie ici » 145
« Je ne veux plus vous entendre vous plaindre ! » 153
« Vous allez me manquer ! » 161

CET OUVRAGE A ÉTÉ IMPRIMÉ EN AVRIL 2023 SUR LES PRESSES DES ATELIERS DE L'IMPRIMERIE CPI-FIRMIN DIDOT POUR LE COMPTE DE LUX, ÉDITEUR À L'ENSEIGNE D'UN CHIEN D'OR DE LÉGENDE DESSINÉ PAR ROBERT LAPALME

La mise en page est de Claude BERGERON

La révision du texte est de Thomas PÉRÈS

Lux Éditeur
C.P. 83578, BP Garnier
Montréal (QC) H2J 4E9

Diffusion et distribution
Au Canada : Flammarion
En Europe : Harmonia Mundi

Imprimé en France
N° d'impression : 174187